金蓮小腳

千年纏足與中國性文化

柯基生・著

About author _____

柯基生

1956年生，台灣彰化縣人，台北醫學院醫學系畢業，台北榮總外科主治醫師、廣川醫院院長、性福門診創辦人、三寸金蓮文物館館長。

CHAPTER
01

金蓮文化緒説

纏足是人類史上最大規模流行的女性身體改造藝術，這是一段東方婦女追求美、追求肢體表現、追求自我表現、追求創作藝術、追求身體藝術的過程，歷經千年，產生龐大的創造與設計，形成一大系列的「金蓮」文化，在風俗保守，男女不能近距離接觸，又有種種語言與接觸禁忌的社會環境下，採用身體藝術的表現，是女性最強烈有效的吸引力。對纏足的認識，有助於了解人類各種的肢體文化，一千年來，是一個腿飾上不斷求新、更新的過程，人類史上出現最廣泛、精緻的腿、腳、下身裝飾，不只是外在衣飾造型的華麗、增飾，而且進而改變了腳形，並因此影響全身動作及生活行為規範，影響民族的移動及命運。纏足的風俗將人類腿飾、脛飾，推向最高峰，世界史上有許多種的身體藝術，但多是局部性、侷限性的短暫出現在原始部落，中國的纏足為甚麼廣泛性、長久性的出現在一個文化悠久的民族，這其中定有特別之處。奇怪的是，這麼大肆風行千年的風俗，在歷史上幾乎看不到甚麼漣漪、甚麼波浪，

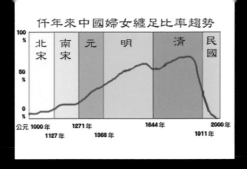

千年來中國婦女纏足比率趨勢圖

滿人婦女欣賞漢人婦女的小腳鞋
清末／點石齋畫報

幾乎多數的文物為一般人所不知，書上也罕有記載，這項流行千年的肢體藝術，像文化的活化石，真實純樸的保留下千年前婦女生活的樣貌。近百年來我們在文化、身體、兩性生活、道德家族關係、家庭生活經歷了史無前例的大改革，生活日新月異，突飛猛進；然而百年前婦女生活原貌卻不復記憶，突然成為歷史上的秘密。

纏足在近代成為禁忌的話題，也只有在這種題材中，有太多的史料未明，太多的歷史事實被掩蔽，成為大量歷史資料的謎團，整個社會集體否認纏足文化，將相關的文史資料塗銷一空，歷史上已絕少資料，纏足婦女又無法承認其正面

性與動機，所以相關文獻只剩下反纏足運動的資料，我們看到清代以前所有纏足的討論，僅限於幾篇有限的文字的敍述，並沒有人將自己親眼看到的、親耳聽到的紀錄下來。

纏足研究的行為有時候像是在為一個族群追尋共同的歷史，為族群保留共同的生活方式、行為模式，從而保留他們的各種生活化族群特色，所以纏足對於各族群來說，有完全不同的解讀：它可以是一種流行、可以是一種倫理、也可以是一種生活方式。在中國不同地區、不同城鎮，纏足具有不同的解讀意義：在廣東，可能代表富貴人家婦女；在雲南，可能代表傳統的

漢族婦女；在台灣、福建，代表少奶奶、少主娘、上階層不必勞動的婦女；在陝西，則認為纏足至極纖小為常態；河北省視纏足為滿人和漢人之間的區隔；揚州在明代時，纏足風氣可能很盛；四川在明代盛行纏足，進入清代卻突然沒落；東北的纏足之風在清末日益盛行，代表漢人日漸移入。

可以說，纏足在當年是一種跨族群的文化，每個地區對纏足的定義和解讀雖不相同，但的確是一種新潮、強烈、衝擊力極強的新文化，有些地區只有漢人纏足，有些地區與漢人交融、通婚之後，也進行纏足，有些地區效法的精神比漢人更強烈，青出於藍更勝於藍。雖然在陸上、北方、西方、西南方，多年來多次征戰，不管戰勝、戰敗、佔領、併吞別人、或被人併吞，漢文化依舊是最耀眼亮麗的文化，最讓人心儀的文化，漢民族的文物、典章、規範、文學制度，值得讓人學習，纏足同樣具影響性，甚至比漢族的武力具有更高的滲透力，這是否代表這樣的風俗有

值得讓人學習之處？纏足對西方人而言似乎是一種重要的文化形式表徵，幾乎就代表漢文化的意涵，「儒學」與「纏足」成為中國很多地區評斷四裔民族漢化與否的指標。從宋代到清代，中國的版圖逐漸擴大，也將纏足逐漸帶入四裔之中，被纏足同化的民族，便完全融入中國而不可分；但是纏足並非以一種強勢的文化壓迫方式擴散，而是透過「同化」的方式來擴散。如果說纏足文化是一種文化的融會，在千年之中，纏足文化不知融入了多少不同族群的女性文化，同時纏足也傳入中國東北、台灣、雲貴、青海、漠南等區域。

纏足曾經是多族群的文化融合。它出現於江南文化的鼎盛期，式微於西方文化的侵入期，而當漢人定都南方的時候，這一時期入侵的草原文化雖足以統治漢人，卻不足以改變漢人的文化；然而，西方的侵入卻徹底的改變了中國。數千年來，中國一直是最繁華的國度，具有最高的流行文化，供他國效法，但面對西方文化評比的結果，一個更廣闊的文化生活

形式獲勝，這似乎是纏足衰亡的因子，1659年至1664年，在中國傳教的西班牙籍的道明修會傳教士那法瑞（Domingo Navarrete）說：「纏足風俗有利於讓婦女留在家中，如果不僅是中國，世界各地都有這樣的風俗，男性、女性都將受惠良多。」這段敘述，對纏足評價看來還是正面推崇，但在三百年間，西方國家因工業革命、法國大革命、資本主義興起等因素，國力大舉推進；相反的，中國卻在乾隆盛世中種下了衰退的種子。西方文化經歷了歐美各國的文化融合發展之後，反而成為東方人心儀、學習的目標。凡此種種文化衝擊，使得纏足開始式微，解放纏足運動從通商口岸延伸至內陸，由接觸西洋文明的地區延伸到封閉的內陸地區。十八世紀前，遠洋航運方才興起，東西方只有少數接觸，大一統而穩定的中國，是纏足延續至清末的主因。中國人輝煌強盛的年代，纏足風俗被西方人視為豔麗、高尚、文明、道德的標記，十七世紀法國巴黎的商人，甚至根據當年中國輸往法國瓷器上婦女尖小鞋子的造形，製造高跟尖頭鞋，

並取名為China Shoes（這裡的China不是指中國，而是指瓷器），這種鞋式受到當年法國上層社會婦女極大的歡迎；然而到了清末，當西方科技、武力、經濟凌駕中國時，中國許多固有的行為模式都被賦予落後、野蠻的標記，纏足突然被視為迂腐、凌虐、頑固、守舊的行為，纏足文化也因而逐漸消失。

回顧三百多年前，漢民族的移民帶著纏足風俗來到台灣，如今我們面對這項千年文化標記，有必要破除成見，還原其真實面目，如實呈現婦女生活樣貌。另一方面，藉由纏足文化，也讓人思考：目前世界各國致力於保留各種野生動物，卻容不下各種不同的生活習俗，容不下追求美的不同文化方式與教育方式，使得人類逐漸一元化：教育一元化、性方式一元化、價值標準一元化、審美標準一元化，這是個值得我們一起深思的問題。

CHAPTER
02

纏足的源起

纏足源於中國，深具中國特色，許多古代的禮制和法度，透過纏足而保留下來，成為文化的活化石。這個延亙一千年，約有二十億婦女親身體驗的風俗，是人類史上最大規模的肢體裝飾。纏足源自於漢民族，這種男主外、女主內、勤苦內斂、父母教育女子等生活模式，深遠的影響了千年來中國人的生活習俗、兩性關係、家庭生活，甚至是整個民族的發展。

纏足的風俗是從甚麼時候開始的？歷史上有種種不同的說法，大抵而言，它不是一時、一地、一人所發起，而是在社會環境中慢慢衍變而成。早期可能是以布帛代替襪子，包裹足部以方便著鞋。《古今事物考》說是從商朝的妲己開始的，傳說妲己是狐狸精變的，因為她的腳還沒有變過來，所以就用布包著，後來紂王宮中的女人，都學她纏足。也有可能足帛拘束足尖，成為尖束狀。《雜事秘辛》中有段記載形容漢朝女子的腳部之美：「梁商女嫕足長八寸，脛跗豐妍，底平指斂，約縑迫襪，收束微如禁中。」漢朝的八寸約為十五公分，與現在一般女性二十二公分左右的腳長比起來，確實小了很多，所以有人引此為漢代纏足的證據。但是上述兩本書都是後人所作，證據力較薄。六朝時有一首樂府詩〈雙行纏〉：「新羅繡行纏，足跌如春妍，他人不言好，獨我知可憐。」「新羅繡行纏」表示腳上包布還繡

上文彩，應該只是指用布把腳包起來而已；《南史·齊東昏侯記》記載「齊東昏侯為潘妃鑿金為蓮花貼地，令妃行其上，曰此步步生蓮花。」這一段敘述的是潘妃在金蓮花上行走，不是指潘妃的腳像金蓮，應該不能作為六朝時代有人纏足的證據，倒是有人認為這是把小腳稱做「金蓮」的開始。

纏足風的流行應該是在一個富庶繁華、歌舞昇平的時代，最先應該是源於貴族、樂戶、藝人，逐漸擴散而被全民接受。唐代對於纏足的傳說和詩文已較為豐富，許多人舉楊貴妃為例，作為唐朝婦女纏足的明證；元代伊士珍的《琅嬛記》提到：楊貴妃死在馬嵬坡之後，有位婦人蒐到楊貴妃的一隻襪子，借人看一次要一百錢，因此發了大財；她的女兒玉飛也得到一隻楊貴妃的雀頭履，鞋口綴真珠，鞋底墊檀香木，只有三寸長，玉飛視為至寶，不輕易給人看。這段故事在其他文獻中也有記載，有趣的是，連唐玄宗逃難歸來，竟然都知道楊貴妃掉襪子的事，作了一首〈楊妃所遺羅襪銘〉，「羅襪羅襪，塵生香不絕，圓圓細細，地下得瓊鉤，窄窄弓弓，手中弄初月。」明代倪綰輯錄的《群談採餘》中，也收錄了一首以楊貴妃的襪子為

主題的〈楊妃羅襪詩〉：「仙子凌波去不遠，獨留尖襪馬嵬山，可憐一掬無三寸，踏盡中原萬里翻。」由這些敘述中可以看見，唐代在誇讚美女時，連美人足上的飾品也一併欣賞，可見當時的腳形可能有些不同。可惜這些都是後世所述，真實性如何就不得而知。

從唐代詩人、文人所留下的作品中，我們比較清楚的探知，唐朝時纏足的情形，如杜牧〈詠襪〉詩：「鈿尺裁量減四分，纖纖玉筍裹輕雲，武陵少年欺他醉，笑把花前出畫裙。」鈿尺減四分約為十七公分，纖纖玉筍，形容腳的尖、瘦，裹輕雲似乎就有纏足的意思了！夏侯審〈詠被中繡鞋〉詩中曾提到，把腳裹成一鉤像新月，在被中穿上睡鞋，供玉郎摩挲、媚夜。溫庭筠在其〈錦鞋賦〉中，明白指出女子纏足，說：「耀粲織女之束足。」白居易的詩中也提到「小頭鞋履窄衣裳，青黛點眉細細長，外人不見見應笑，天寶末年時世妝。」意思是在天寶（西元742-756年）末年流行穿尖頭鞋，鞋頭尖小，足形必尚尖瘦。

唐代的文物中有許多人俑，男性胡騰舞樂人是尖小弓足，女俑即是小頭鞋履窄衣

◀ 雕塑內容為金蓮戲嬰石雕，著睡鞋的貴婦用小腳逗弄著懷中的幼子。

纏足人物雕塑繡石
測為元代（約西元1350年）
24公分×23公分／私人收藏

纏足，如南宋搜山圖和雜劇人物圖中的婦女，雙足不但盡得纖小，鞋頭還帶有明顯的彎勢，方濬頤在《夢園叢說‧外篇》有云：「泰興有三妃墩，宋高宗倉卒南渡，三妃歿葬於此，墓本一室，床前有女履三雙，繡作精巧，其制竟如弓樣，不似今時之前彎後平也。」近年來宋代古墓，迭有出土者，在福建福州出土的黃昇墓，墓主黃昇為宋朝宗室的官員，妻死年十七歲，出土時腳上還纏有腳布長210公分，寬9公分，墓中有六雙鞋子，長13.3至14公分，寬4.5至5公分，以提花羅做面，粗麻布做底，鞋頭尖銳、上翹，並用細繩挽成蝴蝶結。江西省德安縣出土的周氏墓，周氏死於宋度宗咸淳十年（西元1274年），享

年35歲，其夫吳疇，任太平州通判，出土時兩腳各長約五寸，腳趾上翹，各趾向中靠攏，顯然在生前裹束過。在浙江衢州，史繩祖與其繼室楊氏合葬的墓中，出現了一雙史氏前妻羅雙雙的銀製弓鞋，史繩祖為一名儒家學者，卒於咸淳十年（西元1274年），出土的銀鞋整雙都是由銀片焊接而成，鞋長14公分，寬4.5公分，高6.7公分，斜頭尖銳、高翹，鞋底還刻「羅雙雙」三字，以刻有原配夫人名字的銀鞋作為陪葬，反映出當時男子對小腳的依戀。

元代的北方游牧民族多不纏足，但之後也都慢慢染上纏足風氣，遍覽元代曲詞，對於婦女的足，總是用三寸金蓮來稱讚，諸

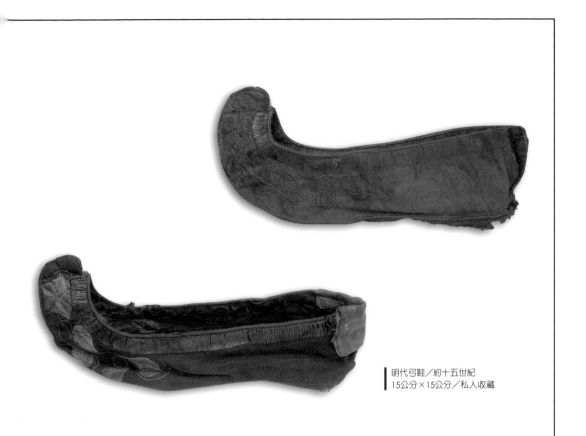

明代弓鞋／約十五世紀
15公分×15公分／私人收藏

如薩都剌〈詠繡鞋詩〉云：「羅裙習習春風輕，蓮花帖帖秋水擎，雙尖不露行復顧，猶恐人窺針線情。」由此觀之，元代婦女纏足似乎盛於宋朝。

明代的纏足可見於仕女畫、春宮畫、明末小說和考古文物。明代宮人都是纏足穿弓鞋，上面刺繡些小金花，胡應麟曾云：「雙足弓小，五尺童子都知豔羨」，又有「浙東丐戶，男子不許讀書，女子不准纏足。」可知當時制度竟以纏足與否，作為貴賤階級之分野，因此明代婦女的纏足的程度，似又比元代更進一步。

清朝入關，漢人婦女衣服一仍舊習，所謂男降女不降，而婦女纏足比以前更甚，竟然到了無論何人娶妻，都以婦人腳大為恥、以腳小為榮，可見此時纏足風氣又更盛於任何朝代，所以一般婦女無不卯勁纏裹雙足，以作為美人應有的條件。宋遼以前，纏足是男女舞伎和侍者為了加強身體姿態所做的肢體訓練，穿著的弓鞋有上弓，也有下弓。唐代以前流行的是尖瘦鞋身，到宋代則演變成瘦窄弓彎的小腳，並逐漸限於婦女腳上；但在明代早期，小腳真正拗折弓彎到很短的情況，並不多見，直到明代中末期才廣泛發展出尖彎瘦小的纏足標準。

CHAPTER
03

纏足的原因

纏足風俗是歷經幾百年的社會風習演變所造成的，纏成一雙小腳需要忍受痛苦、費時多年，纏成後造成婦女生活上很大的影響及改變，然而為什麼有人願意忍受這些痛苦毅然的裹上腳呢？

1.男女有別

纏足是一種兩性分離式的裝飾，幾乎多數的裝飾都在強調男女分野，讓男女性天生生理的不同，產生更大的岐異，突顯男強女弱，強調男性在外活動、女性在家活動的特性，呈現男主外、女主內，男性粗獷強悍、女性細膩柔弱的形象。

最原始的纏足雛形，不管是來自荒淫的宮廷世家裡面，或是教坊樂妓，原始的目的，不外是藉著纏足雙腳，穿上尖窄弓屈的鞋子跳舞，可以表現出特殊的肢體技巧，這有點類似芭蕾舞的效果，凌空迴旋，如仙如幻，也表現出一種纖細、拘謹的步態。流風所及愈傳愈廣，配合上當時社會文化對婦女的要求，遂成為沛然巨流。這一股社會潮流，主要是現實中對於女性的規範，要求婦女得謹守貞節，男女內外各處，男女異群，婦女須深處閨中，謹守規範，以柔順為正則，在這樣的社會潮流之

▼ 圖中富翁的花園裡是女人的世界，飄逸的絲綢在鞦韆上飄盪，如在仙境，這樣的衣飾，讓小腳的身段美表現的更淋漓盡致。

① 清明上河圖（局部）

② 女論語，這是女子「必讀」的書。
　清代／私人收藏

下，纏足很快的被發現到是推行女教很好的手段，儒學大師朱熹，曾很熱心的推行纏足制度於福建漳州，作為傳播漢族文化的工具，而教以男女有別之道。裹腳以後行動不便，處處受到限制，因此成為謹守閨範的保證，在男權高漲的時代環境下，成為一夫多妻制最有力的保障措施。

2.社會規範

千年來中國是一個以道德為指標的社會，守節、守紀、成為較宗教更高的標準，所以不須完善的律法也可成就一個穩固的社會。

當纏足的風氣漸漸傳開以後，剛開始只有富貴家庭不須從事勞動的婦女率先接受這種風俗，很快的纏足反而變成了財富、權勢、榮耀的表徵，為了表示是出自上階層的富貴人家、為使女兒能嫁入豪門，家家戶戶爭相為女兒纏腳，清代台灣有「大腳是婢、小腳是娘」的說法，李笠翁《閒情偶寄》說：「宜興周相國以千金購一麗人，名為『抱小姐』，因其腳小之至寸步難行，每行必須人抱，是以得名。」腳小至此，真是可悲可憐，但卻是富貴人家爭得的對象，纏足也是官宦世家、淑女必備的美容術，為中下階層少女走入高階層家庭的晉身階，在那個時代娶妻託媒人探聽女方的重點，除了在對方的家庭之外，

最重要的就是在一雙腳的大小，只要擁有一雙傲人的小腳，必然成為爭相說媒的對象，在新婚過門的時候，眾親友聚集爭賭的焦點，也是在新娘的一雙小腳，下轎的剎那，要是伸出一對尖生細小的金蓮，立刻換來眾人的讚嘆，要是一雙大黃魚腳，恐怕難免遭人訕笑。

3.家庭制度

中國人將身體的改變、心性的改變、人際關係的改變都認為是重要的學習方式、教育方式與修行方式，最終的目的是希望在身體適當的改變下，能徹底的改變一個人未來的命運，中國傳統的婚姻制度基本上是容許一夫多妻制，也有人更清楚的定義為一夫一妻多妾制，傳統的婚姻制度一直是默許成功的男人可以擁有數位妻妾，眾多妻妾之間難免會爭寵，為了專房、得寵，只有痛下功夫修飾，纏足提供了一個好的修飾方向，同時纏足後行動不便，也頗有利於控制眾妻妾，減少與他人偷情或逃逸的可能。

4.審美觀

女人的美麗就是財富，是許多女人可以犧牲健康、犧牲行動的不便來換取被人稱讚的美，纏足風俗逐漸形成之後，弱不禁風、楚楚可憐的少女成為男人愛戀的偶像，顫顫危危、扶牆摸壁的姿態，在情人眼裡是一種飄然若仙的感覺，一種隱密的魅力，引人遐思。在這種環境下，審美的標準要求的是纖細柔弱、如弱柳扶風般的體態，唐代以前中國人對女性審美的角度是健碩豐盈的美，是健康活潑的美，在那個時代，許多動人的舞劇，由女性舞者表演，但是時事遷移，到了清代，除了賣解女郎以外，幾乎見不到女性舞者，賣解女郎也多以走索、踢罈等表現一雙纖瘦小腳卻擁有超凡能力的技巧來引人驚嘆，女性無法在運動、舞蹈上表現美感，只有終日從事女紅，巧心設計、美化一雙纖足，我們可以看到為小腳婦女設計的各種足飾，真是極其奢豪、琳瑯滿目，當年提倡解放小腳時，竟然發現腳放了以後，沒有適當的足飾可供大腳的上層女性穿著，在這樣的大環境之下，有誰能突破層層規範而解放纏足？

▼ 纖細柔弱，楚楚可憐，弱不禁風，成為千年來中國審美的標準。

民初纏足婦女照片／私人收藏

5.社會地位表徵

綜觀千年的纏足歷史，纏足的風尚主要是在豪門巨富、大家閨秀、及風塵妓戶中最廣為流傳，一般山村農婦、勞動婢女，裹足的比例較少，如有裹足，也常為粗纏略縛，一般家庭要有相當的條件，才能讓少女把腳裹的很小，首先得有人能事事代勞，甚至在纏裹的幾年中，還常須有人扶持，這在一般小康家庭，是不容易做到的，能纏得一雙令人稱羨的小足，代表她的家庭生活優裕，在一個悠閒富裕的家庭裡，同輩聚處，互競足小，成了小腳女人最重要的一種競爭，親朋好友對少女一雙腳的褒貶，在在使得纏足習俗更根深蒂固的落實在一般家庭裡，如果更近一層瞭解當時小腳在床戲中所扮演的角色，以及裹腳以後對女性身材的變化，恐怕就更能體會到在長達千年的時間，在一個最強盛的文明古國，會有超過二十億的婦女，把他們的一生與這種綺麗的風俗緊緊的纏繞。

CHAPTER
04

醫學上的剖析

1.足的軟化

早期纏足，就像現代人穿尖頭巫婆鞋，將腳趾紮縛，尖瘦上曲，著鞋時能盡量塞入鞋尖，讓腳和鞋子看起來除了尖瘦動人，還要玲瓏小巧，腳尖還有些上揚的趨勢，這樣的腳掌，在長沙馬王堆漢墓利倉夫人的腳，就隱然有這樣腳趾收攏上翹的趨勢。

纏足是要將腳纏軟，依著腳上緊繃的兩個足弓──橫弓和縱弓纏裹，讓緊繃的足弓變得柔軟，就像體操訓練、關節活動訓練一樣，纏裹的腳掌更加靈活柔軟。

纏腳的極致是纏成一雙會飛舞的小腳，一雙走路時如飄在仙境的小腳，把身體的重心抬高，把腳掌縮到最小，讓踝關節更加靈活。身體重心提高可以靠高底鞋、高跟鞋墊高，但纏

▍小腳照片

▲ 纖纖一握的小腳，是千年婦女美容的最高目標。

足時腳後跟骨企立，腳跟軟組織加厚，會將身體重心放得更高，放在一個更容易搖曳飄擺的高度；而腳掌縮的更瘦小，走路時與地面摩擦力降低，會讓腳掌更像一對飛舞中的支點；上述兩點再配上柔軟靈活的踝關節，這是宭娘行走時如入雲中「迴旋有凌雲之態」的關鍵。

纏足婦女因為腳掌活動較小，脛骨、腓骨肌肉附著部位的突起較一般人不明顯，相對的就呈現出較為圓潤的脛骨和腓骨，這種現象不僅出現在下肢，連上肢長骨、肱骨、橈骨、尺骨也都較渾圓。

2. 足的縮減

裹腳的目標是：（一）減短腳的長度；（二）收縮腳掌的形狀，使形狀由扁平變成尖圓；（三）減少腳掌的寬度。為了達到這三個目標，只有把腳掌骨骼及軟組織作適當的改變。

腳掌長度的減短，靠的是腳跟垂直向下，腳弓加深，以及拇指縮短。將跟骨維持在腳掌上翻，跟骰軸近乎垂直地面的角度，腳後跟垂直向下不再向後伸展，腳的長度便因而減短。腳弓加深靠的是距骨頭向下斜傾，舟狀骨楔形變形向上脫位，及楔狀骨、骰骨楔狀變形，讓蹠骨能向下變成近乎垂直角度，因而大幅縮短腳掌長度。拇指縮短則是因為纏束使足趾血液循環不良，因而趾骨及軟組織萎縮減少造成。

腳掌形狀由扁平變成尖圓，靠的是第二趾至小趾向下蜷屈，四、五兩趾蹠骨向下、向內蜷屈，小趾甚至蜷屈至足掌橫縫內。蹠骨蜷屈的同時，蹠掌骨相接形成的腳橫弓，也因纏束壓力而加深，小趾蹠骨近端粗隆向下轉，這都是使得腳掌得以裹瘦的主要原因。

3. 足的變形

纏腳的主要目標是把一雙腳纏成瘦、小、尖、彎。為了達到目的，須經過多年嚴酷的纏裹過程，幾年下來，一雙腳幾乎從皮膚到肌肉、韌帶關節、骨骼，都有顯著的變化。從外形上看，腳掌縱弓彎度增加，腳心深陷形成穹窿，纏裹較下功夫的，腳心擠成一線深溝，緊裹時，腳跟和腳掌蹠部幾乎密接成縫；裹布解開，可以在腳心縫中塞進一個銀圓。腳趾蜷屈反折到腳底，結實的踩在腳底下，纏裹時，腳趾向腳掌內側抄得越厲害，腳掌的寬度會因而裹得越瘦，所以第四、五兩趾都是從蹠掌關節捲彎過來的，拗折下捲的四趾依順序排列在腳掌底下；纏得特別下功夫的，可以看到第四趾甚至第三趾趾端觸及腳內緣，甚至末端捱在腳內緣，第五趾捲入腳心深縫中，或甚至連部份第四趾都捲入腳心，腳底只能看到前伸的拇趾和拗折的二、三趾，第四趾和小趾末端則陷入溝縫中，大姆趾纏束成尖形，趾甲因外力壓迫圓柱狀蜷屈，四趾蜷屈向下以後，大姆趾向外推靠，由蹠趾關節外展居整個等腰三角形內側緣及尖端，下捲的趾跟形成等腰三角形的外緣，腳跟則是三角形的底邊。纏好的一隻小腳，從底面看，基本上是一個三角形的架構，整隻腳因經年纏裹，皮膚白細柔軟，腳背承受腳縱弓及橫弓向下捲彎的張力，由於用力纏裹後腳骨緊貼著皮下的影響，皮膚更薄，連皮下組織及軟組織也明顯萎縮，幾乎是薄皮緊貼著瘦骨。腳掌本來就有一層厚墊，纏裹時，腳掌上的組織在腳弓穹窿的保護下，反而成為最不受壓的部份，腳跟部位的軟組織，是纏足時唯一不纏束的部位，腳縱弓縮短，纏足時繞著後跟外緣纏束，迫使軟組織向腳底跟推擠，這種種因素都使腳後跟底的軟組織墊，較一般為厚，形成一團墊在跟骨下方緩衝的厚厚軟墊；加上裹腳婦女較少行動，所以這層厚墊往往成為極軟的組織，所謂「軟若棉絮」指的就是這部份，因為沒有張力，皮膚也呈現明顯的皺折，有時連皺折都已形成深深的皺

纏足婦女膝蓋照片

▲ 纏足後，站立和蹲下剎那最為困難、危險，為了避免經常蹲站改變姿勢，短距離行動婦女會以膝蓋爬行，多年下來常在膝蓋結成厚繭。

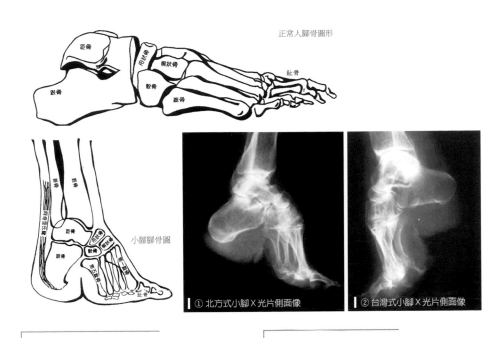

正常人腳骨圖形

距骨
舟狀骨
楔狀骨
趾骨
跟骨
骰骨
蹠骨

小腳腳骨圖

① 北方式小腳X光片側面像

② 台灣式小腳X光片側面像

▼ ① 跟骨與脛骨長軸接近在一條線上，脛骨、距骨關節面移到較前方距骨頸的位置，第一蹠骨和第二至第五蹠骨分開來，第五蹠骨更近於垂直方向，代表腳掌裹瘦，外把骨向內向下抄捲，腳橫弓及腳縱弓明顯的受壓供曲。

▲ ② 腳縱弓拗折不是很深，但腳掌企起後跟高懸，脛骨、距骨關節面移到距骨後方，腳跟軟組織墊很厚，代表持續的纏裹，第一蹠骨明顯增強，成為延續支持脛骨的重心支點。

壁，跔彎的腳掌、腳背上是纏弓凸起的部份，掌骨上凸造成腳背上明顯的隆起，整隻腳因為血液循環不良長期壓迫，溫度通常較低，小腳解剖所見軟組織的變化，足背除了皮膚及皮下組織變薄外，連其他的軟組織及骨間韌帶都拉長變薄，相反的足

底的骨間韌帶，反而縮短變厚且較強韌，這部份往往形成日後放足時最大的阻礙，足掌筋膜可見到明顯的縮短及萎縮，足掌內部肌肉也是明顯的萎縮，甚至形成帶狀纖維，跟部軟組織墊則是明顯增厚。

纏足將腳掌關節拗折鬆動，訓練使得腳掌關節更加靈活，但腳掌部份在拉筋扭折後，往往長年用裹布纏裹，讓關節少活動，多年下來反造成多處關節僵硬，經過長期纏裹以後的小腳腳骨變化有：骨質疏鬆脫鈣、皮質變薄脆弱、足掌關節僵硬、腳踝關節更加靈活，有時腳趾趾骨間關節脫位，掌骨因縱弓弓曲的壓力造成楔狀變形，蹠骨趾骨骨幹萎縮等。

【脛骨及腓骨】
在脛骨及腓骨下端，常可見到數條代表曾受重大狀況（諸如營養循環不良）使骨骼生長停止的橫紋，脛骨與距骨間所形成的踝關節，是少數幾個活動自如變形較少的足部關節之一，不過因距骨長期處於背翻姿勢，脛骨下端與距骨關節面，亦由平常位置移至較前方近距骨頸部的位置，形成關節。

【距骨】
距骨圓頭變的扁平，距骨舟狀骨關節面僵硬且向下方傾斜。

【跟骨】
跟骨近乎垂直與脛骨長軸平行，形成近乎脛骨向下延伸，跟骨後面阿奇里氏腱附著處轉向下，形成全身重量荷重的位置，足後跟消失，沒有後跟向後凸出，腳後面最突出的反而是踝關節部位，距骨向後突出，跟骨反而向前微傾形成所謂「蓮折」，或稱做「折足腕」，有些人跟骨體後段萎縮變窄在最遠端掌側，跟骨直立後變成前側形成彎狀，帶有鉤刺。跟骨距骨關節正常角度為向前向下傾斜為20度，因跟骨向後下方旋轉，這個關節面變成與地面或踝關節近乎平行的角度。另一方面，跟骨上緣與跟骨距骨關節面間的角度（Bohler's angle）也由正常的四十度增大為六十度至八十度。

【舟狀骨】

因為縱弓拗曲，舟狀骨常向上脫位，僅下半部與距骨形成關節面，上緣的厚度較下緣為厚，形成楔狀變形，其中在較下側的舟狀骨粗隆，也變得前後扁平。

【楔狀骨及骰骨】

受腳縱弓向下彎曲的影響，下緣厚度壓迫變薄，關節面僵硬退化粗糙，甚至生有骨刺。

【蹠骨】

各蹠骨及骨幹明顯萎縮變細，兩端膨大疏鬆，關節面粗糙僵硬，僅第一蹠骨骨幹發育較正常，第一蹠趾關節面也仍保持靈活，其餘蹠骨明顯萎縮，長度也大幅縮短，第二趾以下縮短程度愈來愈大，至第五蹠骨甚至縮至僅剩正常一半長度，有時候蹠骨還因纏裹過劇，骨幹出現彎勢。腳掌向下拗折後，蹠骨轉向下，第五蹠骨下轉的角度最大幾乎與地面垂直，第一蹠骨下轉的角度最小，第五蹠骨近端腓側粗隆仍甚發達且向後下方偏轉，在下功夫纏裹的小腳，這部份與跟骨前部緊貼形成腳掌拗折的極限。

【趾骨】

各趾骨形成兩端骨膨大中間骨幹纖細的啞鈴形，隆起膨大的關節面粗糙僵硬常長有骨刺僅拇趾趾骨骨幹退化較不明顯，關節面也較顯正常，第一、第二近端趾骨明顯的向腓側外展，拇趾近端趾骨同時上屈約三十度，第四、五蹠趾關節向後下方脫臼，小趾遠端趾骨常已消失。

裹好的小腳荷重的位置是：（一）腳跟跟骨阿奇里氏腱附著

處。（二）第一蹠骨遠處圓頭。（三）反折的第三或第四、五趾趾背。三個點幾乎是在一個直線上或僅構成一個狹窄的三角形面，所以纏腳的婦女要以單足站立當然是很困難的，如果腳纏的較小，第一點和第二點更形接近，整隻腳可以說是僅有單一的一個點，不但單足站立困難，就是雙足站立也不過是兩個點著地，要維持平衡仍有困難，這時候只是靠扶牆摸壁來維持身體平衡，或者是站立時雙足不停左右踩踏來維持一個動作的平衡，這就是為什麼小腳女人往往可以走得很快，但卻站不住的原因。

4.足的重心

正常腳掌是以踝關節做為身與足的支點，跟骨體後段為施力臂，使力點位在蹠骨遠端，以小腿肚的肌肉經過阿奇里氏腱施力於跟骨末端。跟骨下轉後，與地面垂直，近乎脛骨向下延伸，阿奇里氏腱遂失去施力臂；加上小腳縱弓處於一個過度向下拗屈的狀態，跟骨後段被肌腱向上拉時，無法有效將力量傳到蹠骨頭，力量往往只能使腳縱弓向下拗屈程度減低而已，無法使力到前段腳掌上產生正常以腳掌推進式的步伐，這部份肌肉遂只用於維持踝關節姿態平衡而已。長此以往，小腿肚的肌肉乃日漸萎縮，小腳婦女行走的方式，幾乎可以說就像一般人以兩腳腳跟著地走路一樣，推進的力量全施在大腿的的肌肉上，靠的是膝關節的活動。在這種情形下，臀部和大腿的肌肉自然相對發達。這部份很幸運的，除了我們可以實際看到小腳女人脛瘦臀肥的照片，有幾位醫學家也幫我們實際紀錄了這個差異數質。

研究者	桃崎文雄		川野宗義	
研究地點	北京		滿洲	
年代	西元1939-1942年 （昭和14-17年）		西元1938年 （約昭和13年）	
受訪者 年齡	20-60歲		15-40歲	
纏足狀況	纏足	非纏足	纏足	非纏足
人數	488	363	535	1104
足長 （cm）	14.2-19.3	17.2-24.5	14.4-23.0	17.0-24.5
平均足長 （cm）	16.22	20.07	18.95	21.18
平均大腿 最大圍 （cm）	49.46	48.55	49.28	48.79
平均小腿 最大圍 （cm）	27.38	30.49	28.53	30.13

纏足破壞了雙腳的縱弓，除了讓女人無法正常的以腳掌使力走
路，也剝奪了她們跳躍的能力；另一方面，在腳觸地的剎那，
失去了一個柔軟、緩衝的結構，小腳女人以膝關節和大腿肌肉
走路，讓人看起來有一種在「跑」的感覺，這一種較費力的走
路方式，自然迫使她們無法走太遠的路。

CHAPTER
05

纏足的身體史

纏足風俗起源於黃河流域的穿鞋風俗。遠至二千多年前，人們就穿著全足包覆式的織品足飾，因為身上穿著及地的長服，發展出鞋首高蹺足以勾援袍服底邊的蹺首鞋，鞋尖的誇飾反成為鞋飾焦點。約一千五百年前，鞋首尖瘦的鞋用於騎馬踩蹬較為方便，也發展出穿著尖蹺鞋跳舞以展現輕盈活潑的舞步，為了穿上更尖蹺瘦窄的鞋，人們開始有了纏足的概念，纏足後腳掌不只尖瘦，也逐漸短小成另形，舞蹈中增加了身體動作，誇張的身體肢體扭擺，成為樂戶、樂伎競相學習模仿的技藝，流風所及，漸次擴展為貴族世家、貴婦名流的身體妝飾，一千年前纏足逐漸形成女性特有的妝飾，裹腳布的使用讓腳型改變，更加多元多樣、隨心所欲；纏足一開始是為了追求活潑勁動的舞步，後來反變成追求腳型與步姿。千年下來，婦女纏足文化深化至漢民族女性的身體教育與生活禮節。

1. 足形的秘密

婦女長時間用裹腳布束縛足掌，腳掌形狀產生了明顯的改變，在解剖學和照相術未發明的十九世紀，纏裹後的小腳到底是什麼形狀，除了纏足婦女自己，恐怕很少人知道，這小腳的形狀就成為婦女深藏的身體改變。其實裹腳以後腳型固然改變了，隨之而來，行動步姿、身體體型、體內恆定、代謝、生理、生育、心理等機能，也都會產生明顯的變化。

2. 各地腳型不同

腳掌解剖的變化，因為年代地域的不同，纏裹技巧的不同，每個人腳型本來不同，纏足年紀的不同，婦女每雙腳都會裹出不同的形狀，千奇百怪，可説人心不同，各如其「腳」。

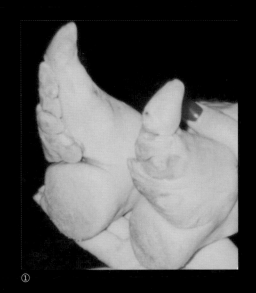

①

3. 拳趾與不拳趾

中國婦女的鞋型，大略可依地域劃分成「北方黃河流域」和「南方長江珠江流域」兩種不同的纏足形式。大致上，南方鞋趾尖上蹺，北方鞋趾尖低垂。清代晚期，婦女纏足多會把足趾拳縮，但是並不是所有纏足都是把大拇趾以外的四趾都纏向腳底拳縮的，宋元時代的早期纏足方式，恐怕很少將腳趾抄向足底，直到清末南方纏足，還有許多將腳趾併攏而不抄向腳底的。纏足追求腳的短小，纏足後，腳底折成弓形，腳掌折弓，也就是將腳掌縱弓折成更厲害的拗折弓曲，往往纏到腳掌趾、趾關節與腳後跟併攏，這使得腳掌明顯縮短長度，「腳趾併攏」或「腳趾向腳底拗折抄向足底」這兩種纏足方式都使得

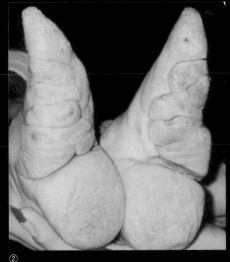

②

① 小腳側面圖
② 小腳底面圖，腳趾已拗折於腳掌

腳掌橫弓拗折弓曲的更窄，但腳趾併攏而不抄向腳底的纏足方式，讓橫弓縮窄程度有限，當腳趾向腳底拗折抄向足底時，不只讓腳橫弓縮窄，而且把橫弓豎起來讓第五趾遠端的腳橫弓外側踩在下面，腳橫弓變成垂直，行走時踩在腳首的重量還會進一步將橫弓壓得更加窄瘦。

4. 腳心向上生長

靠著裹布在腳掌前後施力，固然可以使足弓拱彎，讓腳變短；但婦女纏足時，多半仍處於腳掌還在生長的年齡，所以裹布纏裹設定了一定的長度，限制腳掌伸長，逐日生長的腳掌就會向上高拱，以致纏足婦女在腳掌長度裹定之後，發現腳掌愈長愈高厚，腳心的縫愈長愈深，常有腳心縫深達三公分以上者。

5. 腿瘦臀肥

腳小的婦女，腳首和腳跟幾乎纏到縮在一起，運步行走時，不再具有腳掌划動推行的行走能力，著地和提起時幾乎在同一個點，不像正常行走時，腳跟著地，力量傳至腳首，腳提起時，腳首向後推划行走，會產生向前推行的力量。小腳婦女走路靠著腰部骨盆施力，讓左腳右腳輪流點地行走，並不會用到小腿和大腿下方肌肉的施力。長此以往，纏足婦女的小腿及大腿下方肌肉得不到訓練，增生不起來，所以小腿及大腿下方都極為纖細，反而因為用力在下腰部及臀部，可以見到臀部肌肉特別增生發達。

▌纏足婦女小腿細瘦臀部發達

6. 垂肩

纏足婦女尤其腳纏的特別纖小的婦女須時時注意身體重心，常怕失去重心跌倒，手持重物情況下如何保持身體平衡，更是高難度任務，因為手不能提抱，不能持重荷重，雙肩雙臀骨骨各肌肉發展受限，成人婦女明顯的可以看出比起一般未纏足婦女雙肩發展受限，顯得肩部窄瘦圓細，就是所謂的「垂肩」現象，因為局部消瘦下消，讓下頸部浮出來，看起來好像連頸部都伸長了。

宋代以後的仕女畫都很強調垂肩的美人特色

7. 紡錘形的身材

婦女從幼年開始長期纏足，造成肩部肌肉群的萎縮和骨盆肌肉群的增生發達，身體中段增長突出，形成「紡錘形的身材」，與西方婦女致力於追求葫蘆型身材的努力方向不同，紡錘形身材成為一千年纏足世代中，中國婦女美的標準。

垂肩是肩膀前旋三角肌不發達頸前伸造成

8. 垂門疊戶

骨盆肌肉群可分為骨盆外肌肉群和骨盆內肌肉群；發達的骨盆外肌肉群，有助於纏足婦女靈活展動雙腿及精確調整身姿平衡，行走時施力的焦點，造成纏足婦女豐臀款擺的印象；骨盆外肌肉群肌肉有些源於骨盆內肌肉群，如內閉孔肌及梨狀肌，外肌肉群的發達也促使內肌肉群（也就是骨盆橫隔肌）的發達，這讓女性陰道壁上層層肌肉，歷歷增厚發達分明，性行為時增強陰道收縮力量，這就是所謂的「垂門疊戶」。

9. 雙膝過度伸直

纏足婦女因為不是用足掌划動運步，雙膝不像正常行走時的屈伸，小腳點地行走時，雙膝常僵硬伸直，長期下來常造成「雙膝過度伸直」。

10. 陰道後轉

小腳的足弓拗屈，讓腳顯得尖瘦短小，足弓拗在固定深折的位置，已失去走路時吸震緩衝的功能，加上僵直的膝蓋，讓纏足婦女站立行走時需要增加脊柱的吸震緩衝能力，所以腰椎會擴大前凸，脊椎骨增加S形彎折狀態，以應付必要的著地衝擊，維持身體平衡。腰椎過度前凸使得薦尾椎後凸上翹、骨盆前傾，這也就是纏足婦女「陰道後轉」的原因。

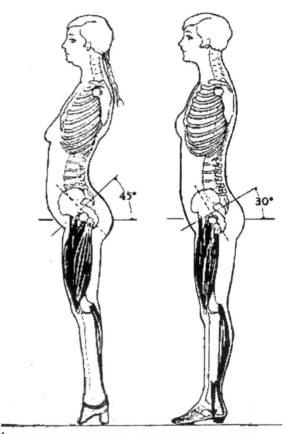

未纏足的女性身體剖面圖（右）　　纏足後的女性身體剖面圖（左）

11. 腳跟高懸與高底鞋

正常人直立時，踝關節處於相對穩定的關節位置；纏足後由於腳掌垂伸，踝關節極易扭傷。台閩地區的纏足方式，因為腳掌垂伸，腳跟高懸，腳掌幾乎是長期處於穿高跟鞋那樣的狀況，這也稱做「馬蹄足」，馬蹄足腳首踩在地上時腳跟高懸在上，無法與腳尖同時踩地，這樣的腳型非

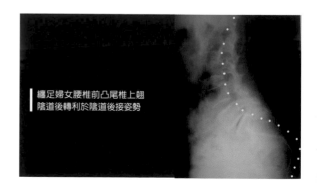

纏足婦女腰椎前凸尾椎上翹
陰道後轉利於陰道後接姿勢

得穿上「高底鞋」，否則無法走路，十五
世紀中國就有這種纏足形式，所以也創造
了各種各式的高底鞋。

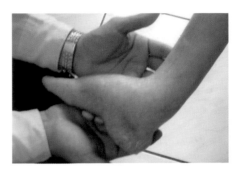

12. 折足腕

中國北方婦女，纏足方式不同，清中葉以
後，婦女將腳跟往下拗折，造成跟骨縱軸
向下旋轉，旋轉超過垂直線後甚至往前旋
轉，讓腳更形短小。腳跟向下向前旋轉的
小腳，走路時像腳跟塌陷一樣，所以叫
「塌塌腳」，著地承重時，腳腕反而向後
凸伸到小腳的後面，像腳腕折斷後凸一
樣，所以也叫「折足腕」。這種腳型在清
末山東、山西、河北、束北地區成為小腳
追求的目標，折足腕的小腳在著地時，會
造成腳腕向後折出一下再推向前，走路呈
現欲前卻後、游移不定的姿態，前後游移
扭動拗折的足腕，大大增加了纏足步行時
扭擺搖曳的步姿。靈活扭動的足腕，有助
於步行時的動態平衡，形成纏足婦女站立
步行時有效吸震緩衝的關節，也部份取代
了小腳被破壞的足弓功能。

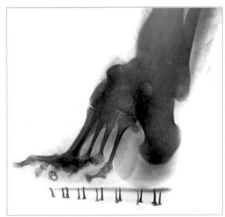

13. 四肢及長骨渾圓

纏足婦女的身體運動會用許多扭動搖擺
的動作取代常人的肌肉屈伸動作，扭轉

（上）、（下）折足腕的小腳走路時有時重心落在腳跟後

搖擺較屈伸運動更省力，但也會使肌肉較不發達，不只是小腿，大腿下側肌肉不發達，上肢手臂肌肉及肩部肌肉也不發達，四肢肌肉普遍的不發達凸出，使得「手臂和腿外型看來更加渾圓」。由於四肢肌肉附著於四隻長骨上，肌肉收縮產生四肢屈伸，長久下來，肌肉附著處在長骨上會產生許多刺岬突起，或拉出不均衡的外型；如果四肢肌肉不發達，那些肌肉附著點所拉出的突起也不明顯，所以從小纏足的婦女不只四肢渾圓，連「四肢長骨橫切面都是圓的」。

14. 渾圓的身體，長大的嬰兒

纏足的風俗在明代中期更為風行，符合標準的腳愈加苛小，三寸金蓮幾乎成為婦女努力的目標，到了清初盛世，多年承平時代纏足風俗愈演愈烈，足小之至寸步難行，每行必須人抱，人稱抱小姐。」有時候並不是因為腳纏太小了無法步行，而是因為為了追求更小的腳，從年紀太小就開始纏腳，在這個年紀，還不能穩健的走路前，身體結構尚未發展成，直立步行所需要的骨骼肌肉關節構造，人體體型發展，

從嬰兒期爬行到成長後進入雙腿直立行走，雙臂自由有力的揮擺，塑形成直立式靈長類特有的體型，過早纏足的結果，便終身無法建構出挺立步行的身體構造，也就是軟弱需人提報扶持的身體，這樣的身體發展像是長大的嬰兒，身體軀幹是圓形的，頭是圓形的，四肢發育較短，相對的也就顯出身體較長些，人類脫離了哺乳動物四肢步行的運動方式，成為雙腿步行的靈長類，也出現了橫向扁平的軀幹，雙腳形成穩定的重心矩形，有助於身軀橫向發展，纏足後雙腳形成單點著地的支點，與地面摩擦的面積大量減少，有助於減少步行時的摩擦力，讓步行更加省力；但步行支地卻需靠著不斷輪動的小腳支點與身體扭擺，以配合重心平穩前移，這是全身運動模式的改變，也改變了纏足後的身體。

後來大家只注意到纏足後腳型的改變，可是當我們仔細審視纏足婦女的照片、纏足婦女的骨骼，以及宋代以來畫家對纏足婦女身姿的描繪，才突然驚覺，纏足風俗對婦女身體的巨大改變──垂肩、身軀圓形、圓臉、四肢渾圓且較短小，臀部發達後翹、小腿纖細、皮膚白皙，全身不見肌肉發達突起，身軀軀幹較長──這是纏足婦女共同的身體特徵；這代表纏足婦女身

心活動與身體恆定狀態，
自律神經運動等與同時
期非纏足婦女有極大的不
同。了解纏足婦女身體全
身外貌姿態的改變，只開
啟了對其身心生理了解的
第一步。

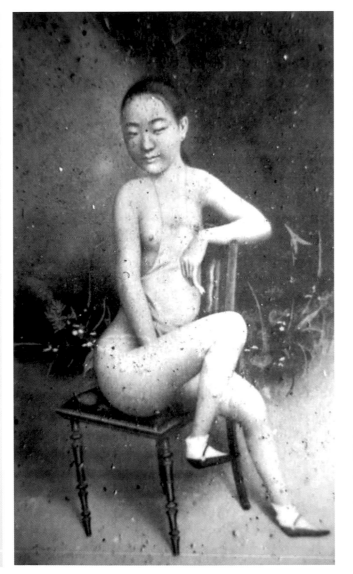

清代裸體纏足婦女照片，呈
現出纏足婦女特有的身形：
圓形的頭臉，垂肩，渾圓纖
瘦的上肢及小腿，大腿及臀
部發達，屁股後翹。軀幹比
例較長，下肢相對短小。身
軀渾圓。前後徑比例較長，
左右狹窄。胸部不發達，全
身無明顯肌肉突出。

CHAPTER
06

金蓮秘性解説

高羅佩在《中國豔情》一書中說：「小腳是女性性感的中心，在中國人的性生活中起著極為重要的作用。」清代李汝珍在《鏡花緣》中說：「纏足與造淫具何異？」千年來纏足風俗與人類性生活的關係，一直披著神秘的面紗若隱若現。

小腳在一些人心目中是極為幽邃神秘的器官，林語堂說：「纏足自始至終都代表性意識的自然存在。」於是只要能看見、聽見、接觸到一對小腳，都會在男人心湖中震起漣漪，有人指出：纏足是為了增進性生活的情趣，是人類性生活史上創造出來的一片新天地。

一雙可愛的小腳，最讓男人想入非非的莫過於想像一握在手的銷魂，除了握在手裡仔細鑑賞外，前人發現了種種玩蓮的技巧，有愛蓮者大獻殷勤，幫女人洗腳、剪趾甲、磨厚肉、擦乾、敷粉、塗蔻丹，藉機搔弄趾間，撫握小腳，趣味盡在其中。婦女雙腳自幼束縛，未經霜露，裹布層層保護，每日細心浸潤、薰洗，皮膚細薄如嬰兒，一旦解開重重裹束，組織鬆散，輕軟如棉絮，這是男人最朝思夢想一握銷魂的，《飛燕外傳》中有一段「漢成帝得疾，陰綏弱不能壯發，每持昭儀足，不勝至慾，輒暴起。」這是後人所作，把漢朝趙飛燕描寫成小足，寫了一段小足具有振陽起衰的功能，想必是從生活中體驗出來的。

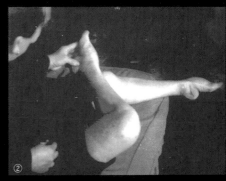

① 鞋淫圖／民國初年／私人收藏
② 纏足婦女床上弄足，瘦影纖纖顧自憐。

在文學上，自宋代以來文人雅士，稱讚頌詠小腳的詩詞歌賦更是不可勝數，怎樣的一雙小腳才是人人稱羨的？各有不同的看法，流傳最廣的金蓮七字訣「瘦、小、尖、彎、香、軟、正」，是一般人品評小腳的標準，就是說腳掌得拳彎至盡可能短小外，還須注意腳掌的纖瘦尖生，勤於洗濯保養，足味芬芳，足肉柔軟通體端正。合乎這些標準後，更重要的是行路的姿態，方絢在《香蓮品藻》中提到：在迎風吹拂，上下樓梯，艱難崎嶇的行走，更能看出小腳的楚楚可憐、嬌豔動人，這樣顫顫危危扶牆摸壁的姿態，在情人眼裡是一種飄然若仙的感覺，一種隱密的力量引人遐思，可見在那個時代，一對纖小金蓮姍姍行來，只要讓男人看上一眼，就像奪魂

攝魄一樣，勾出蕩漾的春情。前人在玩蓮之餘，歸納出種種的握蓮姿勢，有正握、反握、順握、逆握、倒握、側握、斜握、豎握、橫握、前握、後握等十一種握法，這麼多握法，無非是把一雙小腳握在掌中，仔細體會出小巧動人、纖瘦可愛的地方，更重要的是，要藉著捏弄、按摩，體會小腳的柔軟。

裹腳婦女鞋襪都做得極緊，穿脫頗為費勁，有人藉著幫女人脫鞋、脫襪，感受小腳所受的壓迫，有的婦女很喜歡讓男人為她脫鞋，感受到一種溫馨的補償，有時男人進一步為她解纏，就往往縮腳羞拒，女子左支右擋，男子趁機摸捏，強抓著腳很快剝掉，扭做一團樂在其中。

唐代以前貴族宮廷中的貴婦和樂戶歌妓，就有纏足穿尖頭上翹鞋子的風俗，這種足飾是為了增加宮廷舞蹈中步姿舞姿的魅力，宋代更為風行，於是有人為了配合鞋飾的發展流行，穿上新潮舞鞋，施予外力裹足，出現更高翹弓屈瘦窄短小的小腳，這種奇異的流行服飾漸成為婦女服飾的規範，在宋代纏足風俗遂成為婦女禮儀教化的手段。元代相較於蒙古族婦女的開放生活，漢族婦女顯得拘泥保守，纏足風俗增加了兩性的差異，讓男女之間更加隔離，為避免外出受到異族統治者的掠奪玷污，纏足成為保護婦女閨中深藏的手段。因為纏足風俗的普遍性，更造成兩性社會

角色、工作、居處、行動、服飾規範的差異。娛樂歡宴場合，小腳人工改造的特殊肢體造型，一直是異性關注焦點，元代就有人取下歡場中妓女小腳下的弓鞋盛上酒杯稱作鞋杯，高舉弓鞋輪流傳飲引以為樂。明代中期以後，生活逐漸侈糜，性娛樂、陰陽採補、房中術大行其道。清代甚至將原有的「鞋杯」遊戲，演變成更複雜的酒宴集體遊戲，並為訂立遊戲規則著書。弓鞋盛酒杯，易被酒灑潑濺污，聰明的商人立刻想到用木雕瓷器、銅器、陶器，仿弓鞋造形做鞋杯供飲酒嬉樂，這樣造形的酒杯廣受男人喜愛，於是弓鞋造形的煙絲盒、煙膏盒、也大行其道。

成卷的春宮畫，名為嫁妝畫，又稱「避火圖」，是婦女出嫁時藏在嫁妝禮的性愛圖說，為免被看到時產生尷尬，因此賦予它一種說法，即火神祝融怕見到淫穢之物，家中放置避火圖，可以避免受回祿之災。但也由此可知，原來在過去，性知識的傳承是一門女人的學問。

纏足風俗配合一夫多妻或一夫一妻多妾的家庭生活，衍生出閨房中複雜的性交關係，春宮畫脫離了早期道家修鍊強身的範疇，走進多彩多姿的情慾世界，「避火圖」是少婦的嫁妝畫，由女性掌握了性娛樂的知識與行動。纏足婦女遠距離行動受限，反而徹底運用女性妝扮的權利，創造更富吸引力的服飾、妝扮，身體改變成為靜態的出擊。

明代中期以後纏足廣泛流行，纏足手法翻新，不再只是早期腳掌縮弓足趾上翹瘦縮的纏足方式，新的纏足手法讓腳趾除了大趾以外，餘四趾蜷縮向下內抄，腳掌橫弓外轉成垂直壓縮，內側外側縱弓蜷縮，腳掌心深陷形成深溝，因為長期緊裹保護，雙足皮膚白細紅潤滑膩，腳掌顯得纖瘦短小柔軟，腳掌在嚴裹下很少運動，掌管腳部運動的小腿肌肉明顯萎縮，小腿細瘦；運步時靠腰肢臀部大腿運動款擺，大腿肌肉發達、臀部發達結實；小腳步行腳掌頓地時，腳弓緩衝能力消失，靠腰肢前凸臀部後翹，形成身體脊椎緩衝，纏足婦女因為習慣平移扭轉施力，肩部肌肉瘦弱肩部削垂；四肢肌肉不發達，四肢長骨上的各處凸起不明顯，解剖上看到四肢股的橫斷面較一般婦女明顯圓滑。纏足婦女行走時以腰臀骨盆帶動雙腿擺動，取代正常步

① 小腳是女人的另一套性器官。
② 自慰時按摩棒掛腳後跟,同時按揉小腳。

②

①

行腳掌筏動前進的步態,小腳在步行時只是腿部著地一個
支點,小腳著地緩衝功能由腳踝或腰臀款擺取代,形成非
常特殊的顫動扭擺身姿步態。婦女雙足長期受裹,解開裹
布時小腳上壓力突然消失,雙足立即充血繃漲,皮膚皺褶
撐開,末梢血管充血紅潤,末梢神經更為靈敏感覺強烈,
就向勃起的性器官一樣容易受激。小腳長期裹覆在重重裹
布裡,皮膚白皙角質纖薄,尤其在腳心凹陷處皮膚互相緊
貼窩藏的部位,神經尤其敏感,輕輕撫弄即被受激,腳心
因為擁有黏膜一樣柔嫩的肌膚,婦女常用雙足心捧握男人
陽具,像捧香參拜一樣,新的性接觸方式,男女各增加了

難得的體驗。對纏足婦女來說，小腳像創造出來的性器官，可以伸出去挑情，也可以滿足感覺情慾，所以李汝珍在《鏡花緣》中説「纏足與造淫具何異？」這樣特殊的足淫方式稱作「參白足禪」。

擁有另一套性器官的小腳婦女，手淫時不是用雙手捧觸器進行手淫，而是把觸器掛在小腳後跟，用小腳推送觸器入戶時，同時雙手揉弄小腳激發小腳感覺。纏足婦女走路時扭擺腰臀，長時間下來不只臀部肌肉發達，陰部橫隔層層肌肉也很發達，陰阜明顯突出，陰道層層括約肌歷歷分明，性行為時陽具入戶像進入層層關卡「重門疊戶」之中。小腳女性腰部前凸、臀部後翹，X光中可以明顯看到前弓的腰椎和後凸的薦尾椎，陰道相對於身體

縱軸明顯轉向後，所以纏足婦女陰道更利
於後接體位性交姿勢。收縮舒放層層節控
自如的陰道，配合靈活款擺的腰臀，這是
一個機靈刁鑽，搖曳孟浪的陰洞，翻轉主
宰性行為中女性承受的角色，可以像蓮花
盛開一樣的包容承入處處花心之中，也可
以像狼一樣凶狠的咬入，從明代到清代，
幾乎我們看到所有春宮畫裡，小腳婦女從
沒有被動「陰承」，顯現的是桃花源裡
「暗藏玄機」。

清代在滿洲人統治下，對滿洲人而言，纏
足只是漢族婦女不良風俗，也無法體會道
家性生活帶來健康的道理，漢人特異的性
文化對統治者而言，是放浪淫穢的行為。
統治初期對男人的教化由剃髮做起，女性
的教化就是得解放纏足，解纏的政令不但
不能遂行，在清代婦女纏足反而因社會富
庶繁華，將纏足風潮推向高峰。纏足與性
享樂在避開統治者干擾下，形成一股強有
力的社會暗流，各地分頭發展各具特色，
幾乎每個方言文化區，形成一個封閉式的
文化圈，不同的地區婦女腿飾，弓鞋造型
截然不同各異其趣。纏足婦女在床上會穿
上鮮紅的軟底弓鞋，強烈刺激視覺，也方
便讓人把握。高跟鞋的出現挑起流行風
潮，各種流線型的小腳高底弓鞋，造型

春宮畫
清代／私人收藏

精巧美觀，配上鮮艷奪目的手工刺繡，讓小腳婦女搖曳行走時更增媚力。小腳原是為了婦女走路娜娜婷婷婀娜多姿，纏足發展到了巔峰時，產生了奇異的性渴求；當小腳小到極致時，會產生什麼樣的性神祕？更強烈激情的性衝動與性滿足會出現嗎？為了追求浪漫淫慾的性刺激，有人把腳裏到小至寸步難行，每行必須人抱，只能在地上爬，喪失行動自由，成為不折不扣的「性奴」或「愛奴」，換取進入豪門侈華淫慾生活享受的機會。

腳上的神經特別豐富，是對痛覺、搔癢、按摩、溫冷極敏感的性感帶，纏腳以後女性一雙腳上骨骼畸形退化，肌肉萎縮，循環衰竭，但是痛覺觸及神經，卻在反覆受傷刺激疼痛下變得更為敏感，雙腳平日以裏布厚厚保護著，一旦解開來，柔嫩纖細的肌膚接受揉弄撫摸的時候，刺激較常人倍增，春情蕩漾，這種感覺除了小腳的婦人，一般人很難想像。自幼裏足的婦女，小腿肌肉萎縮，走路時使力在臀部和大腿上，臀部大腿肌肉發達，小腳女人除了高聳搖曳的臀部具有性的魅力，一般認為裏小腳也能增強婦女陰部肌肉的收縮力，讓男人在性行為中有如與處女行房的感覺，也讓婦女增高性行為的刺激性，這自然使兩性樂於接受。纏足除了提供男性強烈的性快感，同時也為女性尋找到新的樂趣，《掩耳奇談》中說：

臨睡前數小時以常約七八尺之足帛，緊繞女子雙足，每間四、五時分鐘，更解而加緊纏繞，如此三、四度至緊無可再，乃強納尖窄之履，再經半小時許，痛不可耐。斯時百脈沸漲，自足緣股，筋皆吊痛，而生殖之道則血管飽漲，約束筋收斂至小，一經接觸格格難容，處額支撐力達雙

足，足痛更甚而約束筋牽斂益緊。以
此反應能力，數倍常時，情興暴熾，
不久之間能連續四、五次，為女性平
時所未有。

這是一種性虐的形式，藉由纏足的過程，
進行身體虐待，產生性興奮，達到更強烈
的高潮，纏足以禮教及社會習俗的外衣，
為性虐遊戲提供了合理掩護，纏足本將婦
女置於全身肌肉緊縮、精神恐懼、楚楚可
憐的狀態，等於預置了高潮準備期，再經
催化更增快感。纏足不同於中國其他的性
風俗，並沒有一套繁複的學理，反而處處
以道學的姿態出現，呈現出非性非淫的面
貌，暗地裡卻是性虐、戀物淫最強烈而
具體的形式。這是中國千年性封閉制度下
的逆反，也是對性行為、性知識強力禁
絕，反而造成另闢蹊徑的結果，在人類性
生活史上創造出一片新天地。

春宮畫
清代／私人收藏

▲ 入握應知軟如綿，纖纖一握催情
鬥性。

CHAPTER
07
纏足與中國的性別文化

1. 引言

纏足讓男女兩性增加了極為明顯的第二性徵，女性成為「小腳的人」，男性成為「大腳的人」。纏足的千年，是深化兩性差異的千年。對中國人而言，性別有一部份是後天定位的，所以中國人創造了許多男扮女、女扮男的故事，如「梁山伯與祝英台」、「喬太守亂點鴛鴦譜」、「孟麗君」一類的故事，一方面是因男女性徵其實有很多是後天改造，另一方面，也是因為這個社會對男女有差異極大的身份角色認定，兩性扮演著完全不同的角色，這與今天的兩性平等教育極為不同。

為了解釋纏足與性別的影響，我們也許可以概分三種性別：

1. 自然與生俱來的性別──天生的性別角色。

2. 父母家庭長輩賦予的性別──在纏足的年代，纏足是最主要賦予性別認同的特色──給予的性別角色。

3. 社會角色扮演性別──在人際社會所扮演的性別角色──自願扮演的性別角色。

纏足後，兩性增加了空間上的隔離（男處外，女處內）、身體構造上的隔離、體力不同的隔離、工作機會上的隔離、穿著服飾不同的隔離、教育機會上的隔離以及教育方法上的不同。

纏足讓女性具有外形柔弱、步態搖曳、活動範圍限於家庭、生產方式為手工業等特徵；相對的，強壯、外出社會生活，成為男性特徵。所以我們可以看到纏足年代，社會各方面都在努力凸顯兩性的差異：表情的差異、工作的差異、男女分隔的差異、身體的差異、社會角色與責任的差異……，而纏足則讓這些兩性差異更加深化。

2. 男女隔離

纏足的目的也在於男女隔離。回教、儒教都很重視男女隔離，男女隔離成為許多宗教重要的教義。學者高羅佩認為，元代政府將其官吏放在漢人村中，讓村人供養，而漢人為免婦女受到官吏的性凌虐，將婦女藏起來，所以房屋室內不再只用屏風作間隔，而是有了房屋隔間，這才能真正讓男女隔離。

| 舊時婦女外出乘轎不輕易拋頭露面

宋代開始脫離封建制度，成為家族制度，強化了家與家族的觀念，而家庭中，男女分離一直是很重要的。男女分隔歷經長時間演變，南宋時，逐漸成為顯學的理學強調男女授受不親，朱熹治漳州，力倡纏足婦女著「木頭履」走路有聲，強調男女之大防。元代在異族統治下，漢民族強調女性不該拋頭露面，出必藏形，怕被沾污，纏足有利婦女閨中深藏。至明代、清代，纏足已成普遍社會風俗，政府政令管制女性出遠門，只允許婦女配合政策性的遷移。台灣早期管制不得攜帶家眷渡台，經商貿易只有男性成行，造成男人隔離。

男女隔離是強烈違反人性的規則，可是在中國社會卻能廣泛達成，可見此一戒律在中國社會中長期深遠存在，整個社會很自然的接受了。這種男女隔離的原則根深蒂固，直到清末，還是男校女校分隔、男女工作分隔，甚至是現在，有些學校還是區分男女班別。

3. 女兒圈、女性世界

理學中男女授受不親的規範，不但造成男女正常社交的困難，也形成「男人的生活圈」與「女人的生活圈」這兩個性質截然不同的社交生活方式。男人生活圈受到文人史家的重視，留下較完整的歷史記錄；女性生活園就成為歷史上的謎。

纏足是一種把男女兩性分隔的風俗，尤其是上階層富裕家庭，比較有能力發展的婦女，因為更嚴格纏足，反而固守家族家園之中，只有男性受到較少的羈絆，可以海擴天空，到處生活。美國社會學家E. A. Ross於1910年旅行中國，寫成China in E.A. Ross' s Eyes，其中描述：「來賓不是

纏足讓兩性分隔並形成孤立的女性生活圈

男女同座，而是男人們在一個房間，女人們在另一個房間，福州地區他們的風俗是禁止丈夫在公共場所與妻子說話的。有點地位的女人只能坐在封閉的馬車裡或鋪著墊子的轎子上，她們一生大部份時光都是在高牆內度過的，親屬以外的人基本不認識，生活圈子本來就小，隨著歲月的流逝越來越小，小到於無，對外面的世界漠不關心，化化妝、吸吸鴉片、偶而與幾個女

友碰碰頭，與族人聊聊，這就是她們全部的生活了。」

女人的工作包括煮飯、洗衣、縫紉、刺繡，在這些工作中，女人互相為伴。家庭經濟生活使婦女成為固定的生活伴侶。纏足把女性放得更近，不只是婦女間距離拉近（同族婦女緊密接觸），婦女之間也產生了共同的感覺欣賞世界，這有點像男人的詩社般，互相唱和、褒揚、欣賞、愛憐。

湖南江永地方，藉由「女書」把婦女的社交延伸到鄰近的鄉鎮，成為一種有組織結構的女性社交圈，這個社交圈擺脫了男性支配的模式，是唯一受到研究的模式；我想南方少數民族原來就有不同的女性社交模式，這種社交絡度遠大於漢族婦女間的往來，當這些民族融入漢族纏足婦女風俗後，原有的婦女社交圈會自然修正，也許有些透過文字（女書）、有些透過祕密組織（金蘭會）、有些透過宗教（白蓮教）、有些透過職業（蛋民）、有些透過生產（紡織）、有些透過聚會（洗腳節、賽腳會）。這些組織活動對於男性為主的漢族社會，都是非常陌生的。許多照片顯

示當時女人與女人之間非常親密的身體感覺，以及親密的身體動作，這都不是現代人所習見的。

每個家族的女眷形成了一個生活圈，共同分享持有這一套纏足的祕密，每個方言文化圈更形成一個更為堅固紮實的婦女文化世界，這個密閉的世界內也成為婦女服飾的流行圈，這個圈子是密閉的，不與其他家族共享，也不與其他方言文化交流。除了北京與各地有較多的女性文化交流，各地都是獨立的女人世界。纏足婦女互相扶持、互相研究小腳、互相贊美比並，這樣的婦女世界是建立在更近距離的了解上，婦女間直接接觸，可更深刻體會彼此的身體感覺。

女性生活圈可能是婆媳、妯娌、姑嫂、姊妹、主僕、母女、手帕交、姊妹會，在這些緊密的共同生活圈內，纏足成為女性間共同的經驗與語言，有太多體認與感覺欣賞，只有女性能互相體會。男人對小足的欣賞與女人的欣賞角度是不同的。纏足是女人間的祕密，像詩詞歌詠在男人間互相欣賞一樣，小腳成為女人互相言讚賞的焦點。

如果性的感覺不是從兩性性器官來感覺，而是一種肢體感覺，那麼女性與女性間對於纏足肢體感覺的體會，恐怕不低於男女間的了解，這樣的性感覺趨勢，改變了人類正常的男女社會組成，增加了女性間的親密度。

4. 性愛分離

不知道從什麼時代開始，中國人普遍認為「紅顏禍水」。這在下意識中，很自然的讓男人遠離女性在心神上的羈絆；然而在性生活上，中國人卻認為男女兩性的交會可提供男人許多幫助，採陰補陽、「黃帝一日御百女」等說法，將女性物化，兩性一直無法放在「思想夥伴」、「心靈合作夥伴」的基礎上，女性只是傳宗接代的工具、家庭組織的重要成員，而不是社會成員。所以直到清初，女性都未列入國民人口的計算，社會好像不存在這樣的成員。

儒家思想或道家思想都刻意編造出「男性主義」、「紅顏禍水」、「男性正宗」的中國式史觀，這種史觀不斷被強化，對女

性是很壓抑的，也阻礙兩性間正常的情愛關緣。傳統中國的情愛到底是「性」還是「愛」？看來似乎是較偏向「性」的，所以說「一夜夫妻百世恩」，這個觀念很特別，是先有夫妻關係、性關係、再推而為夫妻之間的恩情。「娶到小腳的男人充滿了幸福與驕傲」，這個簡短的信念，將婚姻與小腳緊密連結，而不是將婚姻與愛情結合。纏足與「美」與「婚姻」、「幸福」、「快樂」、「美滿」、「讓人羨慕」是相連結的，也隱含著「男人性生活滿足」，但這與兩性「相愛」似乎有較大的距離。

良家婦女被繁複的禮教束縛，根本談不上愛，「一點朱唇萬人嚐」的妓女，反而在文人的筆下顯得更有情，成為中國人談論愛情的最主要文學內容。但這種愛情，與她們多元的性行為對象和複雜的接觸對象是解離的。中國男人與髮妻之間建立性與倫理的關係；與妓女建立情愛的關係；大量的情愛故事僅出現在與妓女間的交往。南唐與北宋還可見到女詩人、女藝術家以良家婦女的面目出現，到了南宋、元、明，這樣的可能性愈來愈少，與男人分享精神思想境界的，只能是妓女？

纏足出現在如此性愛分離的環境，更精確的說，是浸淫在性慾生活的社會。在這樣的環境下，性接觸越強烈、越娛悅持久、越有感覺、越深刻特殊，成為最重要的事，這與「愛情」的縹渺是有所不同的，建構在身體解剖生理的刺激層次，讓中國人覺得比較真實，幾千年來的「房中術」討論便建構出一套性理論的大學問。

就如我們在《金瓶梅》中似乎看不到愛的情愫，明末許多情色小說，似乎也看不到愛的表現，直到《紅樓夢》、《浮生六記》的時代，我們才逐漸看到細膩的愛情，這些愛情的表現也許從明末馮夢龍的一些短篇小說中可見到，《西廂記》也隱含這種愛情，但愛情的結果往往是悲劇，其警世意味明顯：因果報應，不要輕易落入愛情的漩渦──我們從中看不出鼓勵愛情的教條與信念，「願天下有情人終成眷屬」顯然敵不過現實的「願天下眷屬能成為有情人」。

或許《西廂記》裡，張生的愛也有不少成份是因為看到崔鶯鶯的小腳？在民國初年對纏足文化集大成的《采菲錄》中，裡面的許多作者都對多名女性的小腳動情，這

與現代兩性一對一的戀情顯然不同。對他們來說，愛的是小腳，勾起性慾的是小腳，動情的是小腳，這樣對於傳統媒人撮合門當戶對包辦式的婚姻，就不會產生太大的落差與阻礙，畢竟小腳引起的是性慾，而夫妻不過只是社會制度上的結合，性行為與戀愛或情愛是不同的事情。

5. 娶妻選腳

社會環境促使年輕人以小腳作為選妻唯一的或最重要的條件。很多男性將「娶一個小腳婦女入門」視為婚前最大的人生目標。我們看到許多纏足時代對小腳妻子的簡單信念：「腳大嫁不出去」、「出轎眾賓客只看腳的大小」、「知道娶到小腳妻子喜滋滋」、「腳愈小、人愈美」、「水腳沒水面」，「愛某水，要幫某捧洗腳水」。婚姻制度將纏足推波助瀾的帶入更瘋狂專注的境界，許多媒人只看新娘腳的大小，腳的大小就像男人的功名，是女性最重要的個人資產，也意味著文聘的多寡。

「娶妻選腳」必然讓社會價值、人群關係和夫妻感情產生改變，這個改變挑戰了過去的娶妻標準，諸如：（1）門當戶對（2）有無功名（3）人品端莊（4）嫌貧愛富（5）美貌（6）夫妻情等。到了清末，確實有些案例顯示，婚配時對小腳的要求已凌駕其他條件。

舊時的聯姻有時像是一整個家族在娶媳婦，而不單是一個小伙子在娶媳婦，這兩者標準是不同的，但一個小腳的媳婦卻能滿足小伙子與家族的共同期待，畢竟一個能待在家族為家族做事的媳婦，是受人歡迎的。

窮人指望著小腳的女兒能使他們從新郎那裡得到更多的訂親禮聘，如果沒有，起碼也讓女兒進入較富裕高貴的家族，生活在比較優裕的環境。從另一個方面來説，當時女性最主要經濟活動是紡織和女紅，小腳的女性可能也讓人聯想到一雙巧手，具有更強的經濟優勢。

腳的大小是可以用尺寸衡量的，如果小腳等同於美，這就是説，美人是可以量化的。這便讓媒人更容易牽合素未謀面的男

女兩方。纏足時代，男女隔絕，更加依賴媒人，女子的腳愈小愈受隔絕，更顯得神祕，也就更增加它無窮的吸引力。「美」透過媒人的口中數字化了，數字愈小愈美；這比起文字敘述，諸如沈魚落雁、閉月羞花來得寫實多了。有些地方甚至要求媒人拿一隻弓鞋，直接看腳的大小，這樣的風俗演變成要求閨女做一隻弓鞋，提供婆家鑑識，這樣的弓鞋稱作「相親鞋」，當然必須製作得特別精緻巧妙。

很多小時候就定下的婚姻，夫家定下標準，要求女方必須纏出這個尺寸。有人乾脆娶童養媳進門，由婆婆自己培育小腳，這在台灣早期移民社會娶妻不易時非常盛行。異族婦女也纏足了，成為漢族男人的小妾，建構新的異地小家庭或者回到原籍歸宗，這就是中國式的領土擴展及文化融合。中國許多男性隻身在外經商或開疆闢土，無法帶眷前往，形成台灣「有唐山公無唐山嬤」的現象，為了填補這種落差，平埔族的婦女也纏足響應漢族婦女的生活文化風俗。

從1905年的人口調查紀錄中，平埔族的纏足人口比例可以得到較多證實，因為漢族

男性移民的娶妻需要，許多平埔族原住民也都跟著纏足了。

在雲南，母親對著女兒説「不纏足，以後嫁山上的人」。山上是苗族、黎族等少數民族生活的地方，生活較為清苦，女兒怕過苦日子，無不乖乖纏足。纏足的元配有助於家庭穩定，一千年來中國經濟重心南移，由農牧混雜的農產經濟，步入了農業與家庭手工為生的農產經濟，配合海上長程貿易的興起，纏足婦女慢腳快手，是家庭中穩定的生產能力，也是這一千年來社會經濟穩定的重要因素。

風行千年纏腳的風俗最後還是結束了，當年的年輕人迷失在「腳小就是美」的迷思，整個社會幾乎一致蜂從，但今天也同樣有人迷失在美貌、學歷、家世而不自知。解放纏足運動時出現的「不娶小腳婦女胸牌」、「結婚後保證放足的結婚證書」同時也是當時「娶妻選腳」現象的極佳例證，它代表著解放纏足運動推行時，有很大的阻力來自於女性擔心不纏腳會嫁不出去。

6. 妻妾成群

纏足建構在一夫多妻、一妻多妾的制度下。「一夫多妻」向來被視為中國舊社會最腐敗的象徵，但到底什麼是腐敗？這和纏足的腐敗到底哪件事對社會產生更多不良的影響？我們不知道答案，但腐敗的一夫多妻與腐敗的纏足倒是同時存在的。

一夫多妻有許多種形式，比較常見於官員、富商、縉紳，一方面為擺氣派；一方面為繁衍子孫。一般家庭多娶妻恐怕是著眼於沒有子嗣，所以陸續娶多名妻妾，看來與多交群戲比較有關的是「媵」，也就是將陪嫁女收作妾，媵與女主人之間本來就關係曖昧，所以容易出現多交群戲。多交群戲與陪嫁女的制度相關，這種制度在清代的台灣很盛行，許多例子是，原配夫人沒有小巧的腳，男人便娶了小腳的妾來滿足性慾，有名的小腳女性往往嫁入名人豪門作妾。

一夫一妻多妾的家庭制度中，夫、妻、妾各有其責任與義務，而對丈夫來説，滿足妻與眾妾的性需求，就成了他責無旁貸的義務，這也就是為什麼古代的房中書會建

議男性應夜御數女，並花費大量篇幅，強調使女性達到性高潮的重要性。纏足使女性多了一個性激發的位置，使性生活不拘限於陰道接合，也不限於兩性之間，讓諸妻妾有更容易滿足的性生活。

一對一的遊戲演化成為一群人的遊戲，讓遊戲增加了許多新的情境、方法與趣味。一夫多妻產生的多交、群交現象，對於當代人或西方社會，都還是一種荒誕不經的性交方式，但建構在一夫一妻多妾等的社會體制上、建構在腳淫的認識上，可以理解這種行為之所以存在的時代性，而不會認為那麼荒唐。在男女多重混雜或一男多女的性生活中，纏足扮演著重要的性角色，它讓女性增加一個性器官，允許其他人參與性行為。

許多春宮畫顯示，明代便有大量的群交現象，時人各自扮演不同的角色，以增強性行為的趣味。3P、4P應該是明代常見的性行為方式，在一夫一妻多妾制的環境下，恐怕不是如清皇室所採用的抽牌輪流方式，滿州人不了解如何過一夫多妻的生活，才會用抽籤來做愛。其實清末方絢「方式五種」中的多數情趣遊戲，根本是「集體情趣遊戲」，這與傳統的「一對一式」性愛或調情有根本上的不同，纏足足戲從元代的鞋杯遊戲開始，就已經是集體的「群戲」。

仔細檢討中國幾千年來的宗族結構，如果大家庭，家大業大、人丁興旺仍然是中國人的普世價值，妻妾成群就很難成為負面評價；而纏足風俗的牢固，也使得中國人不易探求一夫一妻的價值，這都讓中國人較難推進到家庭革命、落實小家庭制度，從而進入現代化的家庭形式。

7. 婦德、女教

纏足是一種野蠻的身體風俗？還是一種高尚、節制、典雅，嚴格禮儀下的生活社會風俗？南宋出土的纏足僅現於官宦世家，顯示纏足在當時代表的是一定的社會地位，而不是情色與情趣。

中國是衣冠民族，華夏向來以衣飾區分種族、文化、夷夏，也以服飾作為統治管理的依據，所以纏足成為禮教、教養、教育、教化、同化的手段。如同科舉制度和儒家的理學，嚴肅的說，纏足將婦女的行

為舉止、生活儀態、人生目標等等齊一化了，形塑一種強烈的社會標準與人生準則，成為女性一生無法掙脫的窠臼。需要注意的是，千年來的女教或婦女律法、社會風俗並不相同，但纏足如故，纏足反而成為核心價值，甚至因纏足而推出更多社會倫理規範。纏足成為女性重要的標準，也是女性世界重要的祕密。我曾經訪問多位思路開闊的老一代婦女，她們對纏足充滿了高度嚴肅的使命感，那些嚴格的規範與教義就像是社會教育和禮儀教育。

在名製作人包珈的說法中，纏足的婦女充滿道德與禮教的責任，這位女性文化人的觀點是，道德與女教是纏足世界的原動力，這是一個很重要的教義，有了這個教義，才能讓纏足傳之久遠，但這個教義卻鮮少見於文字記錄中。從女書的出現，可以看出，纏足的時代是男女分治的社會，女性的道德家規透過另外的形式體系傳播，與男性的學堂、家祠、公堂廟堂不同，女教有不同的地點、重點和方式，這套女教維繫了婦女間的道德倫常，也維繫了纏足的延續。

如果說纏足是一種宗教，這一宗教的目的充分表現在弓鞋的繡花圖案上，充分表達出中國人的人生追求目標。這些目標沒有透過宗教或政治宣傳，在男性的探討中也不是那麼鮮明主流，可是這些祈求卻是女性很單純的追求：福、祿、壽、喜、如意、平安、喜鵲、步步高升、萬事如意、雙錢如意、富貴花開、多子，吉祥如意，就是這麼簡單的人生目標。相較於男性標榜的忠、孝、節、義，道德、倫理、生活哲學，女性的「纏足宗教」顯得非常單純。也許這就是中國一千年來女性的期許──無為恬靜，但對未來充滿了幸福的期待，是道家無為的哲學。

8. 空間與性

纏足產生許多空間距離上的問題以及性的影響，整個傳統建築的格局規畫，很重要的圍繞在這個男女隔離的意識。對兩性的居處有極為嚴格的分隔與分離，中國大宅院中，女眷只能處於內庭，愈是高官門第，這樣的男女分隔愈鮮明，這也體現在〈清明上河圖〉中男女分佈的出現位置。

將閨房放在圍封四周的房間，就不會產生男女求愛的故事，也自然形成纏腳、媒

人、相親、娶親，娶親成為家族大事等一系列的文化。這些文化源於男女隔離，纏足是使男女隔離落實的好方法。由於男女空間的隔離，婚姻只能由家長做主、由媒人仲介。在房屋中定下了種種的規矩，不允許男性或女性闖入。大家閨秀、高門第的女子，愈加避人、愈多規矩。

女性幾乎成為被豢養的寵物，過著與外界隔離、安逸、休閒的生活，高牆內成為女性唯一的生活空間。纏足通常避開眾人，只在內部偏僻的房間進行，這需要一個有隔間的房屋，而女性獨立的私密生活空間就稱作閨房。唐代用屏風作為室內的空間區隔，進室內穿厚襪脫鞋，這樣的環境不會產生纏足。宋代木頭隔間，進室內坐椅，穿鞋，這樣的室內設計便使纏足風俗成為可能。

屋內的炕上，是女人纏足的發源地，在炕上可以只用爬的不必走，穿著裹腳布及襪子，在北方，炕上往往是女人一天中大半的時間的生活天地：抽紗、縫補、刺繡、手工，都在炕上進行，這也是女人的經濟生活空間。

為了了解皖南婦女生活，我曾專程前往安

徽，看過許多氏宅古蹟民俗村，可是女性閨房的真相，卻一個也沒看到，當地沒有一間古宅留下女性閨房的原始樣態展覽。直到現在，閨房的世界對多數人來說，都還是個謎。徽式建築中，女性閨房都在閣樓上，少女終年不離開閨房，出嫁是第一次離開，也叫出閣。徽式建築為防止女性紅杏出牆，採用高牆隔開民居，且不在高牆上開窗戶，透過天井採光，讓女性完全生活在隔絕的空間裡；「美人靠」是女孩子從天井上面向下望的欄杆，高度是女性跪在上面的高度，坐時朝向閨房，跪立時可朝家中樓下廳房張望，這就是女子唯一的對外消息管道。

家中男主人是否在家有明顯的標示，男主人在家，需把帽子放在帽筒上，並將兩個八卦桌合放，如此鄰居才能來訪。女性單獨與人晤談是非常失禮的事，尤其男人不在時，更是不被允許，有些話也應該由家中男人出去代為傳話。

私人花園是家眷女性遊憩之處，也是女性唯一的休閒世界。為了讓內容更豐富，將園林放到小小的園子裡，花費極大的工藝心思，精雕細琢，雕樑畫棟。為了方便纏足婦女步行，產生了「女兒

牆」。這是讓女子可在花園中的假山上，眺望外面世界的低牆，欄杆延伸之處就是女性所有可以去的地方。這些都是因應纏足婦女生活以及男女隔離文化，而產生的特殊建築設計。

女性有事要出門時，必須坐轎子，轎子進入室內，女性便從廳房起轎，沿路走到目的地，不讓人見到。在台灣鹿港，因應纏足女性，設計出有名的「鹿港三不見」：不見天街、不見地、不見女人。因為女人只生活在閣樓上，在閣樓上層的住家互通，婦女在屋頂互相往來，街上則見不到女人。

纏足婦女的生活空間嚴格限縮，兩性纏足欣賞的距離也明顯縮短。金蓮文化從舞鞋、妓鞋行酒，一直到握蓮、玩蓮，距離愈來愈近，也從集體賞玩變成個人玩賞，由眾人賞玩演變為個人禁臠，進入更狹窄的觀賞領域。

北宋蘇軾〈菩薩蠻〉：「偷穿宮樣穩，並立雙趺困。纖妙應說難，須從掌上看。」──小腳是放在手上欣賞的。在夜間昏暗的燭光下，纏足的主要功用在夜間；嗅覺、觸覺、痛覺，成為最重要的性感覺，

「日間憐惜，夜間撫摸，此用之在夜者也」。弓鞋圖案相當瑣細，要清楚欣賞弓鞋上的刺繡，其欣賞距離也很近。纏足的兩性世界是一個近距離的兩人世界，纏足文化呈現出人與人之間近距離的接觸及關係，這裡面是一個比《紅樓夢》更近的床上世界，而不只是房中、屋中、大宅門、大觀園內的世界。

9. 小腳妓

在過去，「妓」是個綜合性的名詞，包括今天很多的服務業、演藝人員、歌星、舞者、性交易者、酒女，按摩女、導遊等，這些兩性接觸較開放自由的服務業，統稱為「妓」。然而唐宋以來的「樂籍制度」讓娛樂業者成為低賤的工作，樂籍制度直到清朝雍正時代才正式廢除。

中國恐怕是古今中外史上妓業最具規模發展的國家。明代甚至以官府力量成立官妓，讓它成為一種規模嚴謹的企業。明朝中葉以後娼妓越來越多了，《五雜俎》記載：「今時娼妓滿布天下，其大都會之地，動以千百計。其他偏州僻邑，往往

有之，終日倚門責笑、賣淫為活，生計至此亦可憐矣！而京師教坊官收其稅錢，謂之脂粉錢。」從明代到清代，我們看到中國特殊的企業化妓業，這在世界各地是少見的，這樣的妓業源於宋代的「勾欄瓦舍」，當然這裡也是宋代早期纏足開始興起的地方：「纏足興起於妓家」。纏足源自貴族宮廷的享樂，由舞妓樂妓的模仿，發展成為妓女纏足的開端。妓女樂戶在早期社會的身分層級較低，藉由纏足，得以進入上層高階社會，對妓女而言，纏足對其人生的改變是非常明顯重要的。纏足文化從宋代開始就是在宮廷、豪門、貴婦、歌舞妓間流行，豪門的姬妾也逐漸效法，這是說纏足、歌舞妓本屬於豪門娛樂，不屬於平民百姓。到了明清時代，妓女分為許多層級，與宋代的情況類似，纏足的妓女也向來屬於高層的妓女。

纏足妓女的角色與地位，顯然不同於今日只提供性服務的妓女。早期宋代的小腳妓，在妓女中身分頗高，她們代表一種恆久的才藝與訓練，較像是藝人，甚至是藝術家、公眾人物、娛樂明星。妓女以纏足製造高貴形象，就像現代藝人以衣飾、排場、造形塑造形象一樣，那種形象的媚力一直很清新的印在眾人心中，但卻很不容

易具體描寫，頂多用詩文迂迴形容。對妓女來說，擁有小腳，像是擁有不可多得的財富。

妓業像是娛樂事業，也是一個比較靈性的兩性交往方式。清代許多文人看出妓業衝擊真實人性，爭相書寫許多發生在妓館中的故事，以描述兩性關係細微之處。到了清末，公開表演的妓業（小腳舞妓）式微沒落，這是纏足無以為繼的重要原因，這等於一種流行失去了它新潮流行的價值意義。宋代的妓女纏足，鼓動風潮，創造千年的流行；到了清末，有些舊時代所稱的妓女，藉由新興娛樂媒體的塑造宣揚，搖身變成花旦名伶，她們能多方面呈現藝術的魅力，不必太著重於纏足所造成的身姿造形，比起過去的妓女，她們具有更強的能力引領風騷，她們海派、洋派的妝飾，創造新時代的流行，也促成纏足風俗的終結。

10. 抱小姐、愛奴

到了清代中期，纏足的出現非常極端的發展，李漁（李笠翁）《閒情偶寄》云：「宜興周相國以千金購一麗人，名為抱小

纏足婦女遠行姿

姐，因其腳之小至寸步難移，每行必人
抱，是以得名。」秦軍校在《終結小腳》
一書中表示，在漠南陝甘地區，有許多爬
在地上，必須扶棍行走的小腳婦女。

抗戰時期，蔣經國有過一次西北之行，記
下了他見到的情景「人家說三寸金蓮，她
們真的連三寸都沒有，她們終年不能走
路，只能在地上爬，但是她們依舊要到
田裡去拔草、做工，去的時候，由她的
丈夫背去，坐在田裡，晚上回來，再由她
的丈夫背回來。」名作家柏楊也曾寫到，
在河南看到纏足婦女在街旁爬行。在我的
收藏中，有許多五公分左右的小腳鞋。可
以想見，這些女人主要的生活範圍被限制
在炕上、閨房內，真正成為固守深閨的女
人。走出去是那麼困難，我們很難預期她

們會常有外出的行動，那些在室外被看到
的抱小姐（愛奴），毋寧說是個小心的意
外邂逅。「纏足極小，寸步難行，行必人
抱」，這就是「愛奴」背後的真相。

「抱小姐」的出現，挑戰纏足發展的路
線：到底小是小到寸步難行才是最頂級的
小腳？還是小到步姿曼妙才是最頂級的小
腳？這樣的抱小姐得有多少人扶侍，才能
成為「愛奴」？這些小腳女人，為了追求
更高峰的小腳表現，奉獻了一生，成為不
折不扣的性奴或愛奴，終生只能在地上
爬，到哪裡都要人抱，喪失行動自由。認
真討論，為什麼腳小到寸步難行的小腳女
人反而價值連城？一雙極小的小腳，將纏
足世界的虛偽面相戳破了──小腳不真是
要走的娜娜婷婷好看，原來在性的絕妙深

處，還有一種最強烈的渴求，近乎變態的渴求，那就是當小腳小到極至時，會產生什麼樣的性神祕？更強烈激情的性衝動與性滿足會出現嗎？

纏足婦女穿睡鞋，睡鞋本來就不是用來走路，而是在床上展現雙腳的技能。足雖小到難以步行，但床上功夫相對特別突出。在一夫一妻多妾制下，男性可以增加一種純性愉悅的選擇，「抱小姐」也能在大家族中得到長久生存的機會，這種選擇脫離了夫妻互相扶持建構家庭的基本婚姻架構，走上浪漫、淫慾的性刺激取向，「抱小姐」也犧牲了更大的行動自由，換取進入豪門享受侈華生活的機會。

11. 男人纏足

纏足成為女性的外在性徵、教化表現，以及女性在婚嫁上的重要條件。但是纏足並不是女性的專利：

1 · 宋代以前就有男性以布帛包腳，這種包腳就像是穿襪子，直到民國初年，許多男性還是習慣如此包腳。

2 · 另一種男性包腳有點類似滿洲婦女刀條的纏裹，北方男性穿鞋前，有些地方有這樣的風俗，連滿洲旗人的男子也這樣做，讓腳掌前面長期緊裹，使腳掌較瘦，有些還會纏到讓第二趾疊在拇趾上面。

3 · 有些男性看了女性裹腳，興起好奇，也會嘗試性的裹腳，以體會裹腳的感受，尋找女性身體的感覺。這也是連接性感、性興奮、性高潮的途徑。

4 · 有些男性有扮異性癖，傳統的中式服裝無法顯示男女身材造形的不同，纏足後產生纖細拘謹的步態，讓人清楚看出他的外在性別角色。現代變性人透過改變外生殖器、服用女性荷爾蒙、隆乳等方式轉換性別造形；纏足的時代，男性則以纏足造成身姿造形的持續性改變，再配上女性服飾，達到扮演異性角色的目的。

5 · 有些男性從小被當成女性培養，在家族社會的環境，家長握有絕對的權力，除了可以幫家中女性纏足，附予其第二性徵，有時基於種種風俗環境的特殊因素，也會將男兒當

成女兒帶大,幫他纏足,並付予他不同於自然性別的外在附予性別。

6. 男子成為男伎、相公或倌人,也會纏足。明代中末期開始,就有人將男童從小培養,其纏腳妝飾一如女性,藉以提供男客另一種特殊的性服務,利馬竇來華的記述中,就曾提到這種從業人員在北京高達上萬人;到了清代,有時因為政策禁止官員狹妓,反而讓性別難以定位的男伎提供的特殊性服務,更加昌盛。

7. 為了舞台扮相,男性也會纏足。清代前期,政策禁止女性登台演戲,許多戲劇中的女性角色只能由男性扮演,他們用踩蹺的方式行走,訓練步姿身段,仿效女性人物唯妙唯肖,讓人莫辨雌雄。

從這些男性纏足的例子,可見纏足是一種社會化的性別認同,一方面形塑社會對男女性別的分野,另一方面也像是時空轉換機,是男性通向異性世界的蟲洞。

CHAPTER
08

纏足區域特徵

各地蓮形

千年以來，纏足風俗深入中國各地，婦女纏足過程往往秘不示人，僅在親族婦女間、小城鎮間互相交換心得，不曾公開討論，清末時纏足風俗極盛，但各地方纏足手法各有不同，致各地方小腳形狀不同。

弓鞋是最具地方特色的民俗文物

正因為各地纏足手法不同，蓮形各異，弓鞋製作材料技巧也因地而異，相隔縣城就會有不同的弓鞋造型。不同方言的文化區，因地理語言阻隔，弓鞋製造更顯現出差異與地方特色。纏足流行千年，也讓各地互相創作競爭，到了清末，各州縣的弓鞋各見特色，遂成為所有傳統文物中最具地方代表性的文物，只要看到足下弓鞋，就知道來自何方州縣。清末依各地弓鞋造型不同，便可區分出四百多個不同的方言文化區。

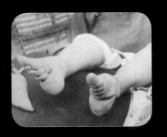

北部式纏足

追求腳趾向內抄彎深折，腳圍弓屈，致使小趾與後跟接近，腳圍呈等腰三角形。

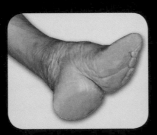

陝甘式纏足

腳掌縱弓深折，腳心深陷，腳趾收攏而未向腳心拳折，腳橫弓拗折不深，腳掌與腳跟在同一水平面上。

山東式纏足

縱足弓不折屈太甚，腳底為平底，重視橫足弓折屈，折足腕前傾與外傾，後跟向前推迫，腳趾深折包藏。

雲南式纏足

與長江流域類似，腳趾拳屈深折，橫弓下折，外把骨下拗，第五蹠骨向下深折，腳縱弓適當折屈，腳底為平底。

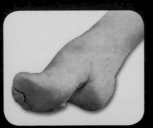

閩台式纏足

縱足弓深折，腳心深陷，橫足弓拗折不深，足背高拱，腳趾深折，拳屈不深，腳跟與蹠面不在一個平面上，腳跟較高位，不著高底弓鞋無法步行。

台灣纏足婦女／私人收藏

台灣

清代台灣移入大量福建、漳、泉地區的移民，將纏足風俗帶
入，蔚為風潮，致使人人娶妻首重纏足，且以纏足分貴賤，
「小腳是娘，大腳是婢」，台南府城的金蓮以短小後跟圓細冠
於全台，品足的規格以「小、瘦、彎、軟、稱」為律。

台灣弓鞋

澎湖

紅地繡喜上眉梢弓鞋／清末，台灣
11公分×3公分

◀ 以蝙蝠、鹿、烏龜、喜
鵲為圖案的弓鞋，代表福、
錄、壽、喜，代表了婦女最
高的祈願。

紅褐地福祿壽喜弓鞋／清末，台灣
16公分×4.5公分

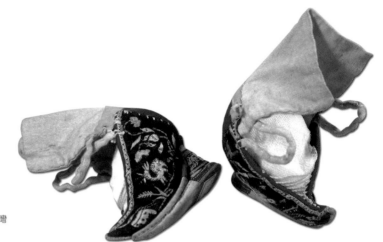

紅地繡喜上眉梢弓鞋／清末，台灣
11公分×3公分

▶ 澎湖弓鞋仍以簡單木塊為
底，前端翹的很高，鞋底瘦
長較台式弓鞋更為古樸。

弦月形黑地繡花弓鞋／清末，台灣澎湖
17公分×4公分

福州纏足婦女／私人收藏

福建

福建地區弓鞋自成體系，與中國各地形式完全不同，早期弓鞋是圓柱形後跟，
這一形式的弓鞋在晉南、陝甘地區也曾見到，圓柱形演化成梯形、三角形、最
後形成跟連底式。福建地區多山，土質較硬，適合高跟木底走路；相傳南宋朱
熹在漳州推廣纏足婦女著木頭底高跟鞋，這可以說是高跟鞋創始地。福建各
地弓鞋極小，有些人真的是裹出極為短小的纖足，有些人腳並不是真的裹的短
小，而是藉著高後跟與放慢跟，把後跟墊高，鞋後跟形成袋狀，將腳長藏在後
面而顯得短小。閩台弓鞋沿襲宋代翹頭履，鞋尖上翹，寬短而不瘦狹。

福建弓鞋

福州
仙遊
泉州
漳州

▶ 柱狀底的弓鞋是最早期的
弓鞋形式。

| 橙色花鳥網紋蹺底弓鞋／清末，福建仙遊
14公分×4公分

| 紫地紅邊繡花鳥翹頭弓鞋／清末，福建漳州
11.5公分×4.5公分

▲ 福建漳州、泉州的弓鞋與台灣的弓鞋極為近似，代表台灣早
期河洛婦女多來自漳泉等地。

全紅削高形繡花弓鞋／清末，福建福州
8公分×2公分

◀ 福州地區許多弓鞋極為
纖小，往往前後長不足五公
分，這兩雙都是在出嫁時的
喜靴，一輩子小心珍藏。

全紅直立筒形繡花弓鞋／清末，福建福州
7公分×2公分

廣東纏足婦女／私人收藏

江西·廣東

江西、廣東，是纏足較晚發展的地區。客家人許多是不纏足
的，有些地區纏足代表富貴家庭，所以腳纏的極小。廣東是
中國最早廣泛與南洋接觸的地區，受到西洋影響。也是較早
解放纏足的地區，所以到了民國初年，廣東除了文化古城如
佛山、香山等地，多數地區已見不到纏足蹤跡。江西北部纏
足較為盛行，南部鄰接廣東山區，較少纏足。

江西、廣東弓鞋

南昌　婺源

廣州

江西
廣東

廣東廣州紅鞋／廣東台山
11.5公分×4公分

黑地繡夾紅藍緞弓鞋／清末，江西婺源
12公分×4公分

▲ 廣東地區纏足風俗發展較晚，一般客家人較少纏足，但有些地區則把纏足當作貧富貴
賤的標誌，只有富貴人家纏足，下層社會貧民女子則不纏足，廣東婦女纏腳的人往往把
腳纏的很小，腳形是「貴圓短而不貴尖瘦」，小腳弓鞋都是短圓而小巧的形狀。

紅地繡花三色弓鞋／清末，廣東廣州
10.5公分×3.5公分

紅白繡花夾黑弓鞋／清末，江西南昌
14公分×4公分

▲ 江西北部婦女清末仍有纏腳風俗，南部地區纏足婦女較少，多數江西的弓鞋都是平底，用布納底的弓鞋鞋子短短的十分小巧、玲瓏，清末江西都會地區解纏風俗很盛，所以民初各種各地風行的新式弓鞋並沒有代入這裡，反留下古色古香的傳統弓鞋。江西省多為平底弓鞋，鞋子精細小巧，江西南部山區客家人居住縣城，纏足比例較低。

上海纏足婦女／私人收藏

安徽・江蘇・浙江

清末江南纏足風氣不如北方盛行，但在傳統的歷史名城仍保留
許多古色古香各具地方特色的弓鞋。蘇州揚州小腳以瘦前出
名，蘇州崑戲的網子鞋頭頗具特色，安徽、浙江地形多山水阻
隔，形成多元方言文化區，各地區弓鞋各有特色。

安徽、江蘇、浙江弓鞋

滿地繡黑地緄紅織帶弓鞋／清末，安徽徽州
14公分×3.5公分

紅地黑邊繡花弓鞋／民初，浙江寧波
18.5公分×4.5公分

▲ 除了滿幫的繡花，鞋底、提跟上也繡滿了花。

黑一色繡花弓鞋／清末，江蘇南通
14公分×4.5公分

▶ 非常精緻細巧的弓鞋製作，將
纏足婦人的細膩靈巧纖柔華麗的
特色發揮至最高境界。

紅地鞋口貼藍邊網子弓鞋／清末，浙江紹興
11公分×3.5公分

▼ 因鞋面上以絲線綴成梯狀網而得名，著
鞋時可依足背高低調整網子的鬆緊。

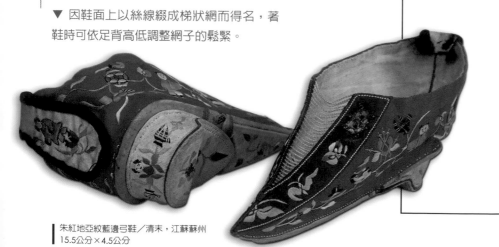

朱紅地亞紋藍邊弓鞋／清末，江蘇蘇州
15.5公分×4.5公分

四色相間雲頭如意弓鞋／清末，安徽黟縣
15.5公分×4公分

白地黑邊裹葉紋弓鞋／清末，浙江嘉興
14公分×3.5公分

米地織帶黑邊弓鞋／民初，浙江嵊縣
12公分×4公分

▲ 簡單的整體線條造形，精緻小巧的
弓鞋設計，是嵊縣地區弓鞋的特色。

漢口纏足婦女／私人收藏

湖北・湖南

清末中國南方接觸外洋較早，加上歷經多年太平天國之亂，華
南地區纏足風氣較北方為低，解放纏足運動也較盛行，只是少
數婦女穿著高底弓鞋。多數是平底弓鞋。此小腳的特色是較為
圓肥，較為出名的纏足地區首推湖南益陽，與山西大同齊名，
「小非常，平直瘦秀，曲畫奇妙。」湖南南方各縣在清末很多
不纏足的。

湖南、湖北弓鞋

紅安・・麻城
武漢
長沙・

湖北
湖南

藍底金團繡花弓鞋 ／民初，湖北武漢
14公分×4公分

▲ 湖北地區弓鞋有些是清末各地流行的木底小高跟鞋式，出現在湖北省北方，但一般
而言仍多為平底弓鞋。

繫鳳眼花吉祥紋弓鞋／清末，湖北紅安
14公分×3.5公分

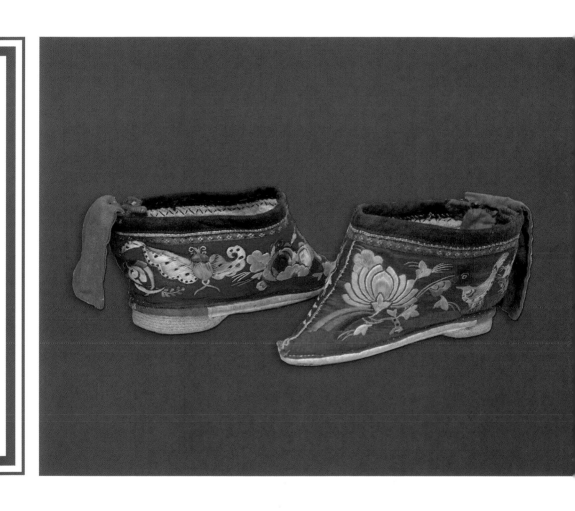

紅地富貴吉祥繡花弓鞋 ／清末，湖北武漢
11公分×4公分

黑絨繡花圓口弓鞋／清末，湖南長沙
16公分×4.5公分

藍底繡花草弓鞋／民初，湖北麻城
13公分×4.5公分

▼ 湖南常見鞋頭左右扁平的弓鞋，湖南
纏足較盛行的地區是在湖南省北部靠近
洞庭湖一帶。

藍緞大折枝繡花弓鞋／清末，湖南長沙
16公分×4公分

雲南通海纏足婦女

雲南・貴州

雲南貴州地區從明代即有漢族婦女將纏足風俗帶入，據《陔餘叢考》所述，乾隆年間雲貴地區只有省會才有纏足，民國初年在這邊陲地區解放纏足運動反倒不盛行，直至現今在昆明通海街頭，仍常見到纏足老婦人。

雲貴地區弓鞋形式有兩種：一種是等腰三角形，一種是木底小高跟鞋，有許多弓鞋仍保留下古色古香的象鼻頭。這種鞋尖與十三世紀歐洲尖頭鞋與古式晉鞋源自相同的流行潮，是十三世紀尖頭鞋的遺跡。

雲南、貴州弓鞋

三色繡花禽紋弓鞋／清末，雲南昆明
10公分×3公分

朱紅地寶相花紋弓鞋／民初，雲南昆明
15.5公分×5公分

黑絨套紫藍邊弓鞋／民初，雲南大理
14.5公分×5公分

雙層式黑絨繡花弓鞋／民初，貴州
13.5公分×5.5公分

粉紅地黑絨垂幛繡花弓鞋／清末，貴州
16公分×5公分

紫鍛花聚頭黑邊弓鞋／民初，貴州
14公分×4.5公分

青海·四川

青海延襲明代早期弓鞋，鞋底多層布納底，這是最早期的纏足高底弓鞋形式，全鞋都抬高，古稱重臺履（與義大利高底鞋同在十五世紀），鞋尖左右扁平，這一形式的弓鞋，近似江西南城明益宣王朱翊鈏妃孫氏墓出土弓鞋，明代這一款的弓鞋頗為風行，到了清代，全國各地剩下青海、四川阿霸、甘肅南方保留下這一形制的弓鞋。

四川婦女纏足在明代就已盛行，彭遵泗《蜀碧》上說：張獻忠佔據四川時，有一次患了瘧疾，病中對天發願：「疾癒當貢朝天蠟燭二盤」。病癒，下令砍取婦女的小腳，堆積成兩座金蓮峰，最後為了取得最為纖小的小腳放在頂峰上，還把自己寵妾的小腳也砍了下來，砍下來的小腳竟能堆積如山，可以見得當時四川纏足風氣是如何的熾盛。歷經了這麼一次慘不忍睹的變故，四川女子引以為戒，不再以纏足為事，故而在清代前期乃至中期，四川女子多不纏足，但是隨著時間的流逝，纏足風氣又慢慢地復熾起來，到了清末已經相當盛行。

四川地區清末弓鞋，除了阿壩地區保存古風，多數地區主要弓鞋形式與華中、華南地區弓鞋款式雷同，皆為斜面木頭底鞋，有些地方仍保留古式象頭鼻。

橙綠色石榴花方藍形弓鞋／清末，四川阿壩
15公分×4公分

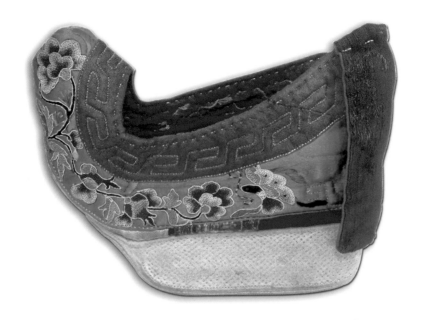

▲ 粗獷古樸的弓鞋，保留明代重臺履形制，底更高，扁平上
翹的鞋頭，清代各地都見不到，宋代浙江衢州史繩祖夫婦墓
出土的翹頭小腳銀鞋及其他南宋墓出土的弓鞋，都具有相同
的反轉為翹頭鞋。

紅布繡花黑絨面弓鞋／清末，四川萬縣
14公分×3公分

▼ 1903年《采菲錄》藤窗寄叟在〈蓮鉤碎語〉中說：「萬縣美人雙鉤尖窄，不盈一捻，腳背平面不凸，甚為細秀，且腳尖皆略向上翹，有如一彎新月之狀，更增嬌曼風緻，長度均在三、四寸之間，轉覺蕩媚可人！」作者深嘆：當時照相術不普遍，未能攝影留存，今天我們對藤窗寄叟這一段鮮活的敘述倍感好奇，可惜一樣看不到相片，只能看到這雙萬縣留下來的弓鞋。

紅藍色大朵花瓣紋弓鞋／清末，青海
18公分×6.5公分

花眼鋸齒紋弓鞋／清末，四川都江堰
13公分×3.5公分

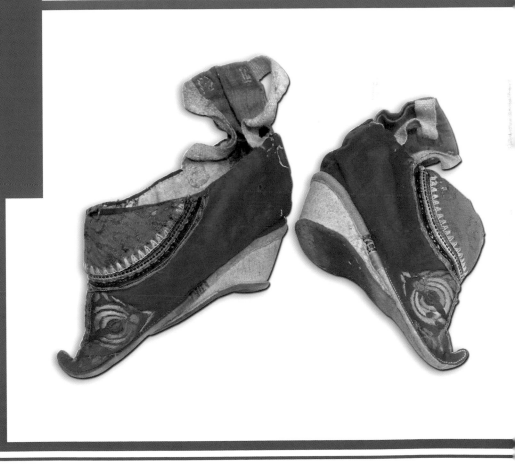

漢口纏足婦女／私人收藏

山東

明代山東木底鞋便遠近馳名，山東全境各地有各種不同形式木
底，但整體來說大致上都是狹長竹葉形，山東東部膠州半島、
煙台、威海、青島、龍口，清末成為與外洋接觸的門戶，工商
經濟繁榮、人口密集，弓鞋製作愈精巧，並形成流行風潮數年
一變。山東地區弓鞋最大的特色是折足腕，也就是腳後跟向前
塌陷，腳腕後折。

山東弓鞋

煙台
招遠　威海
淄博　日照
曲阜　臨沂

紅地人物錢鳥紋弓鞋／民初，山東龍口
16公分×5公分

紫紅地黑邊黎穗弓鞋／民初，山東威海
14公分×4.5公分

| 嵌紅織帶繫穗弓鞋／清末，山東曲阜
17公分×4.5公分

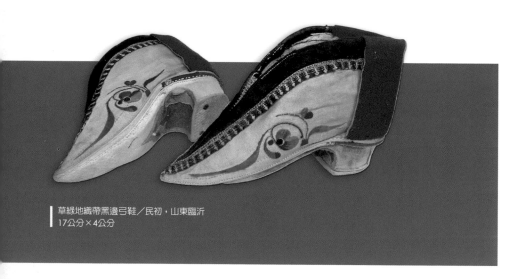

| 草綠地織帶黑邊弓鞋／民初，山東臨沂
17公分×4公分

| 黑地繡盤長金線紋弓鞋／清末，山東招遠
16公分×5公分

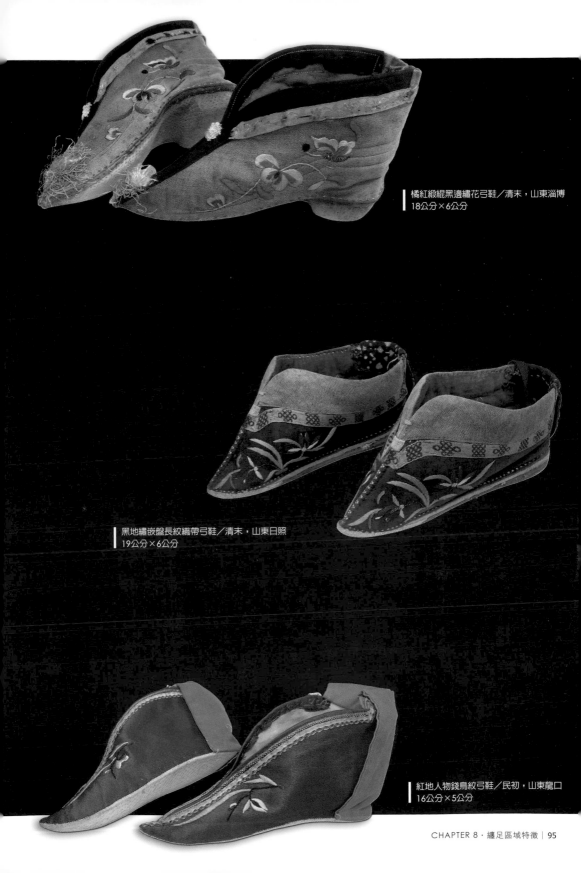

橘紅緞緄黑邊繡花弓鞋／清末，山東淄博
18公分×6公分

黑地繡嵌盤長紋織帶弓鞋／清末，山東日照
19公分×6公分

紅地人物錢鳥紋弓鞋／民初，山東龍口
16公分×5公分

河北張家口纏足婦女／私人收藏

河北・河南

清朝統治者從入關以來，一貫的反對纏足態度，所以北京城纏足風氣反較河北省各地為低，根據《聽雨叢談》所說：「同治年間，京師民女內城不裹足者十居其五，回鄉不裹足者十居其二。」也就是愈近京城裹足比例反而較低，各地弓鞋雖各具特色，整體而言，差異不大，清末民初在天津等都會地區，每隔數年會有一種新款式的流行。

河北、河南弓鞋

安新
石家莊
衡水
刑台
安陽
洛陽

▌紅綢圈帶藍花紋弓鞋／清末，河北刑台
▌14.5公分×3.5公分

▌劃弧形黑絨繡花弓鞋／清末，河南洛陽
▌17公分×4公分

紅色花樹紋弓鞋／清末，河北石家莊
16.5公分×4.5公分

▲ 清末河南各地弓鞋製作較少見到精緻弓鞋，有些用
棉布製作，形式多為木頭弓底夾鞋。

橘紅綢蘭花紋弓鞋／清末，河北衡水
19公分×5公分

▎藍地黑絨緄邊弓鞋╱清末，河南安陽
▎16公分×4.5公分

▎綠綢繡花弓鞋╱清末，河北安新
▎14公分×4公分

▎綢彩蝶紋弓鞋╱清末，河北石家莊
▎15.5公分×4公分

山西纏足婦女／私人收藏

山西

山西地區是纏足最負盛名的地區。回顧山西的歷史一直到明代建國以前，山西大半地區都是游牧民族國家管轄，包括遼、金、元。明代開始，山西成為漢民族與塞北民族間貿易的門戶，商業繁華，山西小腳的盛名開始遠傳，清代山西商人與錢莊的業務進入中國各地，帶回豐富的盈餘，也繁榮了山西，成功的商人遠走四方，家中總有個小腳髮妻，倚閭望歸。清代富庶的山西弓鞋華麗，且各地形制差異很大，有些固守遼金時代古式形制，也有最新潮華麗由各地方帶來的形制。

山西弓鞋

大同
忻州
平遙
張蘭
臨汾
襄汾
建城
芮城

▶ 明代時大同地區弓鞋是一種高底粗跟弓鞋，幾經改良到了清末，出現這種極為靈巧秀氣的弓鞋形式，號稱「瘦、小、尖、彎、香、軟、正」七字俱全。

粉紅綢彩花弓鞋／清末，山西大同
9公分×3公分

花團錦簇高跟弓鞋／清末，山西平遙
12公分×3公分

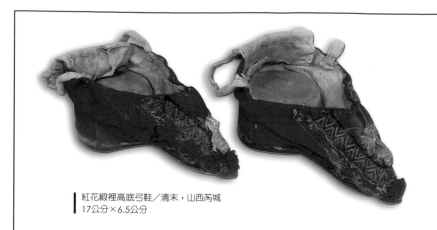

| 紅花緞裡高底弓鞋／清末，山西芮城
17公分×6.5公分

| 黑紅色蹺底弓鞋／清末，山西張蘭
17公分×4.5公分

▲ 張蘭地區有些弓鞋具有極瘦窄的葫蘆底，由弓鞋的窄瘦程度
可以知道小腳裹到多細瘦。

▲ 臨汾、襄汾地區帶著象鼻頭的古式弓鞋，只有在這個地區可見到。

倒鉤蹺底藍綢弓鞋／清末，山西臨汾
15公分×5公分

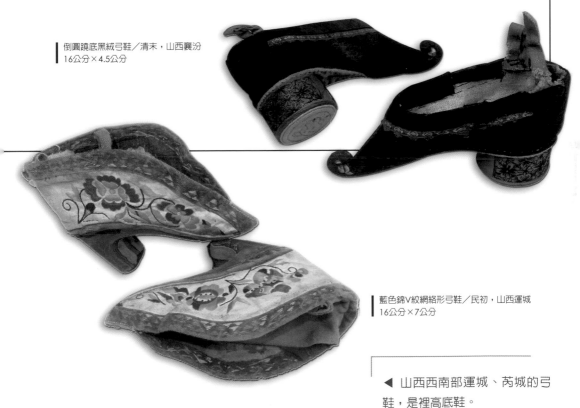

倒圓蹺底黑絨弓鞋／清末，山西襄汾
16公分×4.5公分

藍色錦V紋網絡形弓鞋／民初，山西運城
16公分×7公分

◀ 山西西南部運城、芮城的弓鞋，是裡高底鞋。

陝西纏足婦女／私人收藏

陝甘

陝甘地區歷史上一直是中國通往西域各國的門戶,唐代各國人聚集於長安,出土所見各種纖足、瘦足、翹足樂人俑,都是在這裡發現的,李漁在《笠翁偶集》中說:予遍遊四方,見足之最小而無累與最小而得用者,莫過於秦(甘肅)之蘭州、晉之大同,蘭州女子之足大者三寸,小者猶不及焉,又能履步如飛,男子有時追之不及,然去其凌波小襪而撫摩之,猶覺剛柔相半,即有柔弱無骨者,然偶見則易,頻遇為難。明代、清代陝甘兩地以纖足聞名全國,《聽雨叢談》認為:陝甘兩省纏足在全國為最甚,因為高原地區土質較硬,適合高跟弓鞋行走,在這裡我們可以看到許多極為短小的坡跟弓鞋。

甘肅、陝西弓鞋

甘肅　陝西

延安
浦城
銅川　大荔
天水　西安

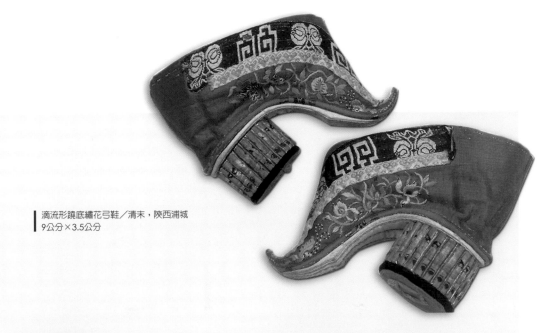

滴流形竅底繡花弓鞋／清末，陝西浦城
9公分×3.5公分

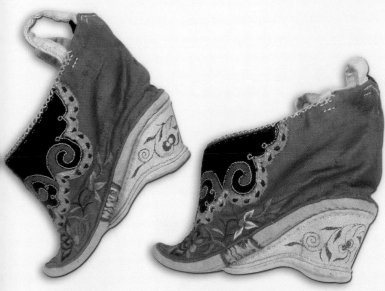

紅黑色如意盤長花紋弓鞋／清末，陝西西安
13公分×4公分

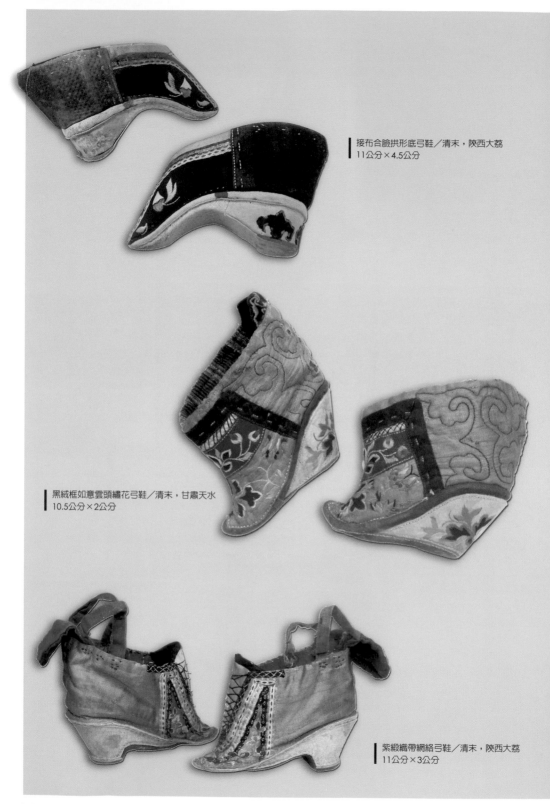

接布合臉拱形底弓鞋／清末，陝西大荔
11公分×4.5公分

黑絨框如意雲頭繡花弓鞋／清末，甘肅天水
10.5公分×2公分

紫緞織帶網絡弓鞋／清末，陝西大荔
11公分×3公分

▎嵌黑絨繡帶紅邊弓鞋／清末，陝西銅川
▎10公分×3.5公分

瀋陽纏足婦女／私人收藏

東北‧寧夏‧內蒙

東北地區滿人本來沒有纏足風俗，明末開始逐漸傳入，清政府曾多次禁止滿人纏足，到了清末大量山東河北漢民族移民湧入帶入纏足風俗，滿人製鞋以木頭底，並在木底上蒙上棉布，這樣的製鞋方式也表現在各種小腳弓鞋的製作上，遼寧與吉林的弓鞋式樣沿自山東河北弓鞋式樣。

東北、內蒙弓鞋

內蒙古　吉林
遼寧
寧夏

林西　長春
新賓
呼和浩特
銀川　遼陽

紅布繡花弓鞋／清末，內蒙古呼爾浩特
16公分×4公分

▼ 內蒙各地原是遊牧民族居住地區，除了南方各大都市絕少纏足，清代從華北地區移入大量漢族移民，也將纏足風俗大量移入，呼和浩特的弓鞋形制融了山西與蒙古的風味。

嵌盤長紋織帶弓鞋／民初，內蒙林西
17公分×5公分

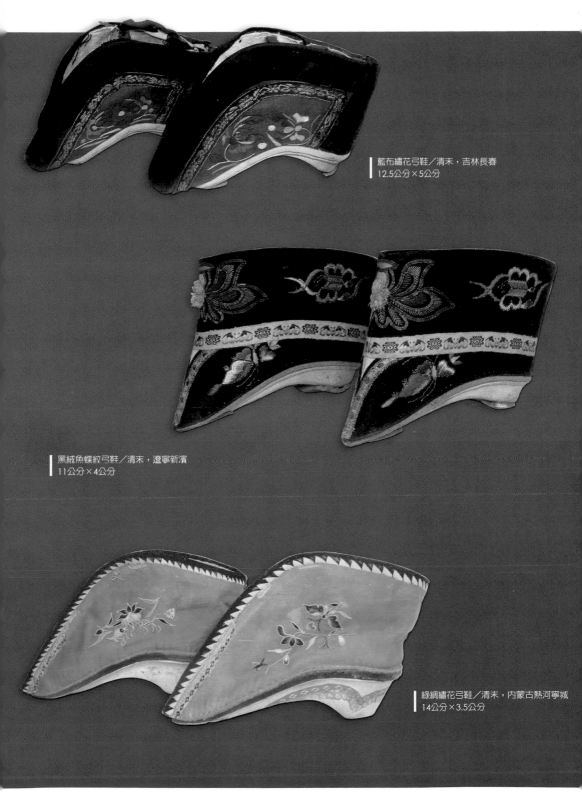

藍布繡花弓鞋／清末，吉林長春
12.5公分×5公分

黑絨魚蝶紋弓鞋／清末，遼寧新濱
11公分×4公分

綠綢繡花弓鞋／清末，內蒙古熱河寧城
14公分×3.5公分

三色錦繡花弓鞋／清末，寧夏
14公分×3.5公分

▲ 寧夏地區的弓鞋很少
見，這一雙可以見到特殊的
回族色彩。

黑繡線蝶花弓鞋／清末，遼寧遼陽
16公分×5公分

CHAPTER 09

金蓮文物概説

弓鞋各部位名稱

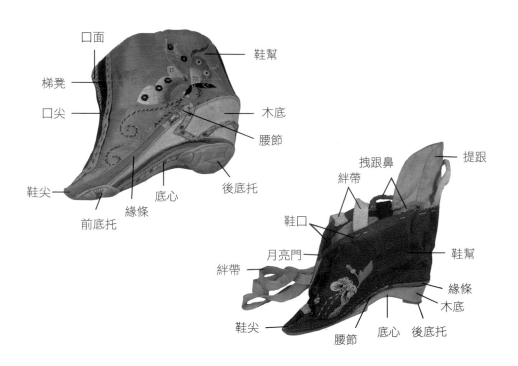

金蓮風華演進圖

古式晉鞋，象鼻頭的平底弓鞋。

柱跟式弓鞋，重心在後跟。

柱跟式弓鞋，重心主要在
後跟，前尖點地支持。

在雲貴地區多仍保留下早
期的象鼻頭，十三世紀歐
洲流行的尖翹鞋頭在這裡
隱約可見。

寧夏地區弓鞋沿襲柱跟式
弓鞋，並以鞋掌前段著地
支撐。

梯形的鞋跟增加鞋跟的穩定。

閩式弓鞋，只有
後跟墊高。

宋代這一型的翹頭弓鞋，是
最新潮的形式。

這一形式弓鞋是明代主
要的弓鞋形式，這種弓
鞋講的是向上弓屈。

鞋頭扁平、鞋底粗厚的鞋子，在清代山西地
區還可見到。

古式北地弓鞋，採用木
頭底將腳掌力量分散在
前後方。

出現了現代高跟鞋，流
線形的外觀，著地重心
隱約在鞋弓穹窿裡。

三角形斜面底弓鞋，
在清末創造全國性流
行風潮。

鞋跟不高，但保有高跟
鞋著地時重心隱約在鞋
弓穹窿的特色，跟向後
傾，這樣的弓鞋是向下
弓屈。

台式弓鞋底，以鞋墊和
高後跟組合製成。

鞋底逐漸加高成為重疊履，與十六世紀回教世界和威
尼斯所見的高底鞋同時流行。

湖北、湖南地區的鞋式，也是民國
初年全國性大流行的坤鞋形式。

深臉圓口鞋／盛行於民國二十年間
17公分×4公分

合臉鞋／盛行於民國十年後
16公分×4.5公分

深臉尖口鞋／興於民國二十六、七年間
16公分×4.5公分

五十年間鞋子變化的趨勢

1・鞋底尖由尖瘦逐漸變得圓肥。

2・鞋幫由複雜趨於簡單，由兩幫製作變成獨幫製作。

3・由繫鞋帶變成不繫鞋帶。

4・鞋上的繡花由小而大。

5・鞋幫縫上於鞋底的方法，由明上變成暗上，由外面看不到縫線。

6・鞋面由半活動的網線結合，鞋面很小、至深而且低的鞋面，代表小腳腳背不再纏到隆起如瘤。

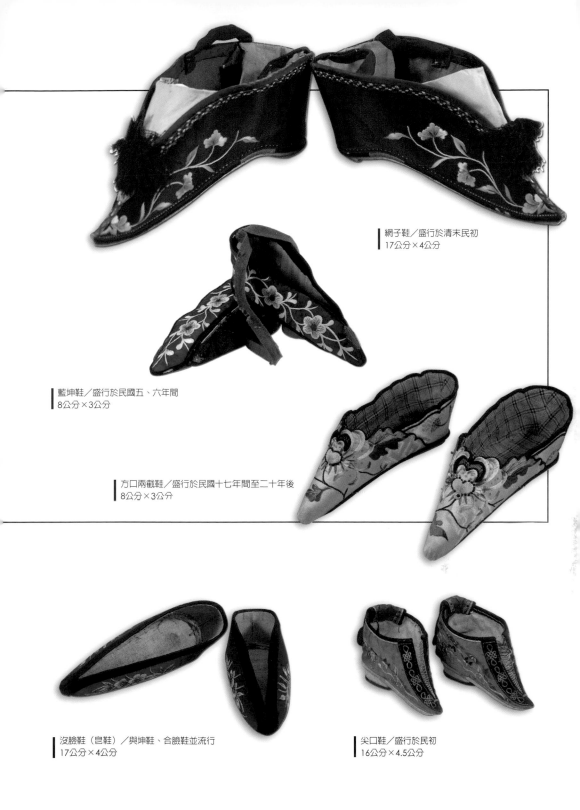

網子鞋／盛行於清末民初
17公分×4公分

藍坤鞋／盛行於民國五、六年間
8公分×3公分

方口兩截鞋／盛行於民國十七年間至二十年後
8公分×3公分

沒臉鞋（皂鞋）／與坤鞋、合臉鞋並流行
17公分×4公分

尖口鞋／盛行於民初
16公分×4.5公分

弓鞋流行的風潮

濟南地區清朝末年，膠濟鐵路和津浦鐵路通車，成為清末中國流行風潮最重要的幾個城市，上海、天津、青島，時尚衣飾的交匯。在中國有些地區纏足婦女的足飾依循古制，數百年不變，如周尊商鼎，古色古香，但在風俗潮流劇變的時代，尤其處在各種流行交匯的濟南，五十年間，婦女服飾竟然幾經變革，追上了流行的新洪流，我們以二十世紀前五十年，濟南地區弓鞋流行的趨勢，來看一個極為特殊的流行文化。

① 著深臉圓口鞋婦女／私人收藏
② 著坤鞋婦女／私人收藏
③ 著方口兩截鞋婦女／私人收藏

台式方形鞋箱／清代
17公分×30公分

花盤形喜鞋／清末
13公分×4公分

黃地繡荷花長筒喜靴／清末
8公分×3公分

▲ 此為台灣製的弓鞋鞋箱，女兒新嫁時，特備妥的弓鞋，整齊的擺放在箱裡，接受賀客的稱讚評比。

▲ 用幾雙弓鞋拼製成的鞋盤，這麼多雙同式的睡鞋，代表少女充份的婚前準備。

▲ 金黃是皇家的顏色，平時百姓不得僭越，但在新婚當天允許使用，新婚過後好好收藏，有藏一代發一代的說法。

▼ 在台灣可以見到有些婦女，特別製作長統弓鞋，這式的弓鞋在平常的日子裡不見穿用。

紅地繡金花長筒喜靴／清代
14公分×4公分×22公分

喜鞋

纏足的目的在於利於婚嫁，所以在婚禮中，不但充份的表現出新娘豐裕的家世、纖小的弓鞋及小腳、精巧的織繡工藝及製鞋手藝，代表新娘女紅的技巧。這些不但顯示娘家的家世，新娘在婚前充份的準備，並且也是夫家最重要的排場與榮耀。

在中國各地，往往婦女為了婚嫁，特別繡製了大紅弓鞋，在婚禮時穿著，充滿了喜氣。

喪鞋與壽鞋

纏足源起於婦女禮儀的社會儀節，所以在喪禮時，弓鞋的表現方式自然是眾所囑目的，傳統的大家庭中同一家族的親戚住在一起，遠近親族的長輩過逝都得帶孝代表追思之意，婦女纏足是一種傳統禮儀，守喪時穿素白喪鞋也是一種禮儀。有些地區，只是以白布縫上遮蓋，有些地區以頭髮編製的罩面罩在弓鞋上，丈夫過世，通常須要長時間守孝，守孝完後，婦女終身以寡婦自稱，從此不再用鮮豔顏色弓鞋，穿著黑色、暗色弓鞋，有的連裹腳布都用黑色的。

① 素白色高跟喪鞋／清末
　 15.5公分×5.5公分

② 素白色三角喪鞋／清末
　 13.5公分×3.5公分

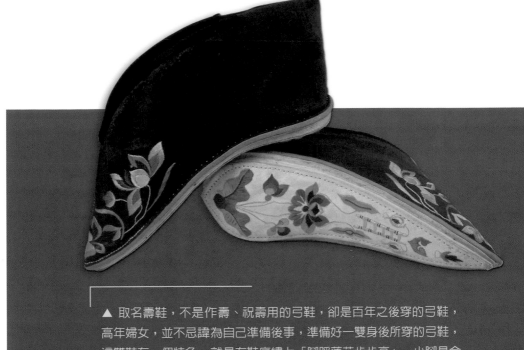

▲ 取名壽鞋，不是作壽、祝壽用的弓鞋，卻是百年之後穿的弓鞋，
高年婦女，並不忌諱為自己準備後事，準備好一雙身後所穿的弓鞋，
這雙鞋有一個特色，就是在鞋底繡上「腳踩蓮花步步高」，小腳是金
蓮，也就是死後踩著蓮花，一步步飄向天上，所以鞋底有蓮化，也有
通上天的梯子，進入祥雲之中，這些鞋子有些自己準備，有些是晚輩
代為製作，在清末時期，有些還是自鞋莊買來的，這雙壽鞋，並不是
從地上挖出來的，可能是當年準備好了以後，大小不適當無法穿上，
或晚輩臨時想不到要為她穿上，後來從家中找出來的。

| 藍地白底繡花壽鞋／清末
| 17公分×5公分

睡鞋

北方婦女常在炕上生活，雙足不下地，穿著睡鞋，南方沒有睡鞋，睡鞋不像一般鞋一樣有個著地使力的位置，前段成角錐形，後跟部位只有小小一塊較厚的三角形軟墊，睡鞋功用在套護雙腳、保護纖軟柔弱的小腳，避免裹腳布鬆散皺亂，冬天保暖睡鞋通常是鮮紅色的，床笫之間有挑逗助興的效果，對現代人來說，一雙柔軟鮮豔無法著地的鞋子，應該是鞋類設計的一大突破。

著睡鞋的纏足婦女／清末
私人收藏

▼ 這一套由睡鞋、尖口鞋、棉套鞋三雙套穿組成。

紅地黑邊蝶紋睡鞋／清末，山東
16公分×3.5公分

紅地黑邊小花睡鞋／清末
17公分×3公分

套鞋

在炕上穿著睡鞋的婦女，下床時直接在睡鞋上再套一雙
鞋，穿出門時在就穿著兩雙鞋子，天冷時有時在外面再罩
上一雙厚棉布的套鞋，就形成同時穿三雙鞋外出，這種鞋
外著鞋的方式是纏足婦女特殊的穿鞋文化，別忘了在睡鞋
裡，她通常還穿了襪子和裹腳布，為了寶貝她的小腳共用
了五層的覆被。

丈青地鞋底加繡棉套鞋／清末，山東
20公分×6公分

◀ 台灣獨特的木屐文化與小腳文化融合後產生了極為獨特的木屐穿法，不是脫下鞋來穿木屐，而是把木屐套在弓鞋上鞋底上，所以台灣弓鞋鞋底又稱「木屐踏」。

紅地黑幫繡福祿壽喜小腳木屐／清末
12公分×5公分

▶ 纏足婦女不是不輕易露足的嗎？怎麼會出現這麼摩登的「涼鞋」？這「涼鞋」不是直接穿的而是套著小腳弓鞋外穿的，所以還是稱「套鞋」。

內外四色繡花套鞋／清末
14公分×4.5公分

紅黑地繡花蝶尖口鞋／清末，山東
17.5公分×5公分

横帶高跟皮鞋／清末
12公分×3公分

鏤花低跟皮鞋／清代
16公分×5.5公分

皮鞋

小腳弓鞋講究的是紡織品華麗柔細的美感，千年來只有北方游牧民族使用動物皮製鞋，粗獷結實的感覺，長期一直不受到纏足婦女接受，二十世紀初東洋與西洋皮鞋製鞋技術傳入中國，纏足婦女開始使用牛皮製作弓鞋，尖瘦小巧的弓鞋，代表西洋製造技巧與纏足文化的交融。

穿著皮鞋的小腳美女／私人收藏

新潮弓鞋

清末／私人蒐藏

▲【錯到底】

南宋陸放翁《老學庵筆記》：「宣和末，婦人鞋底尖以二色合成，名曰『錯到底』。」這種金蓮元代亦有之，在清末的長江流域仍很流行，可見鞋底的裝飾在當時已很重要，也代表纏足婦女常需要蹺腳，使人看見鞋底；而「錯到底」這種雙色的配色方式則會讓鞋子在視覺效果上顯得更小。

兔形淺藍地織帶鑲邊弓鞋／清代
11公分×3.5公分

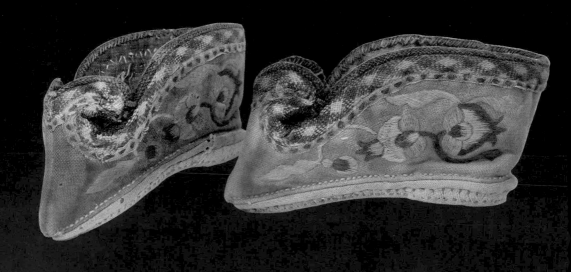

▲ 清代弓鞋造形不是一成不變的，也有婦女仿各種造形製造出形式特殊的弓鞋。

▼ 像一對梭子、像個小荷包、也像現代的托鞋，在清代是很新潮的造型。

菱格壽紋珠花睡鞋／清代
17公分×4公分

腿帶／清末
92公分×8.5公分

腿帶／清末
100公分×5公分

著腿帶的纏足婦女／私人收藏

腿帶

所謂的「腿帶」，乃是指纏足女子用於纏束在小腿上的帶子，有點類似現代軍人用的綁腿。腿帶在光緒年間興起，質料有絲或棉兩種，在那四十年間因為配合其他穿著，腿帶的用法有極大的改變。

腿帶／清末
120公分×6.5公分

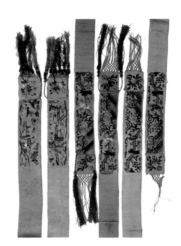

腿帶／清末
102公分×5.5公分

北方藕覆

藕覆（又稱膝褲、褲腿子、飾褲），為形狀似管狀的套子，套在小腿踝部位，或是一塊布捲繞在小腿上，通常繡上花草還用漿子褙上硬裡，套在腳踝上可以掩飾腳背凸出鵝頭的缺點，和掩飾鞋帶鞋提跟等，還有保暖腳踝的作用。

著腿帶的纏足婦女／私人收藏

▶ 此型式藕覆發展較早，不須依腳踝粗細量製，僅用帶子綁緊、包捲上去即可。

紅地黑藍邊繡蝴蝶布片式藕覆／清末
36公分×14公分

▶ 纏足婦女站立行走可以走很長
的距離，但是在站立和坐下的一剎
那，反而是最為艱難的，所以在居
家短距離操作時寧可膝行，長時間
下來造成膝部結成厚的胼胝，蔽膝
就像護膝一樣罩住膝部，一方面為
了美觀，一方面保護膝蓋。

咖啡色地金線繡花護膝／清末
26公分×8.5公分

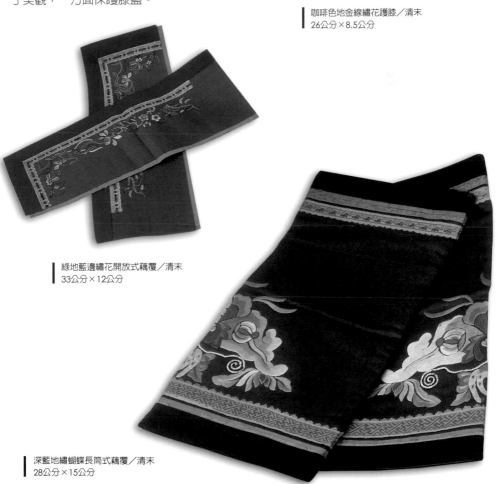

綠地藍邊繡花開放式藕覆／清末
33公分×12公分

深藍地繡蝴蝶長筒式藕覆／清末
28公分×15公分

▲ 見於光緒二十年到二十四年天津，著於靴子內，著靴登子時內著紅色睡鞋，睡鞋由前露出，也有包被較多的靴登子，前後僅露出少許睡鞋，脛部束腿帶固定，顏色常與睡鞋有鮮明的對比色，繡花部位正巧位於靴子上緣，上段則覆以腿帶（這一型藕覆腿帶紮於外面）。

| 黑地金線繡蝴蝶靴蹬／清末
21公分×14公分

▶ 冬天使用，較一般藕覆長，可以罩到膝下。

| 腿帶／清末
102公分×5.5公分

▼ 這一型藕覆又稱「罩褲腳」使用時先翻轉套於小腿，白色向下，將羅襪、鞋帶、鞋拔跟整理好放進褲管內，用腿帶將罩褲腳白色夾襯單層的部份紮緊，將覆有繡花的一段翻轉正面，花繡向外將褲管及腿帶掩在罩褲腳裡。

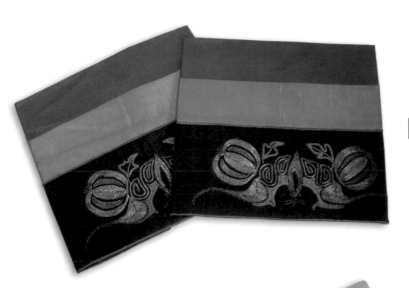

紅藍綠相間今蔥繡花罩褲腳／清末
15公分×14公分

▶ 為硬質藕覆飾於腳踝，腳小者因腿腕也細，紮腿後小腳與腿腕的比例仍見，看不出腳小，硬質罩褲腳套於腳踝，會使小腳藏於藕覆下更顯嬌小俏麗。

白紅黑相間繡石榴罩褲腳／清末
14公分×15公分

台灣纏足婦女著十字繡藕覆／私人收藏

單色繡二方連續圖案台灣繡片／清代
38公分×42公分

南方藕覆

在江西、福建、台灣許多地區，出現了十
字繡藕覆，採用單色區塊的刺繡方式，甚
至整片全是用單色構圖，這樣的刺繡方
式，與傳統中國類似圖畫上彩的多顏色混
合構圖方式有極大的不同，十字繡手法將
許多圖象簡化成各種定式的圖案，反覆出
現，為了記憶這些圖案構圖方式，出現了
繡樣，十字繡只有在南方的藕覆、肚兜上
出現，在弓鞋上沒有十字繡的繡花。

白地筒狀十字繡台灣藕覆／清代
22公分×13公分

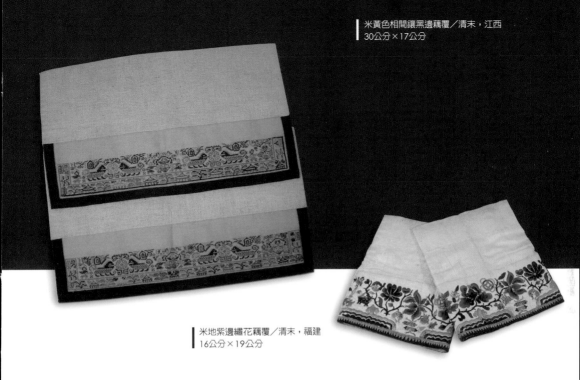

米地紫邊繡花藕覆／清末，福建
16公分×19公分

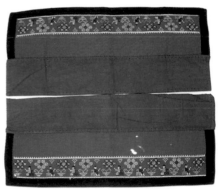

紅藍相間藕覆／清代，福建
32公分×13.5公分

桃紅地黑邊藕覆／清末，福建
32公分×15公分

著腿扣環婦女／私人收藏

著脛飾婦女／私人收藏

腿扣環

有許多鎏金品質很高的腿扣環來自山西，有不少是明
代的文物，代表明代富庶繁榮的晉商，也代表明代山
西纏足風俗就極盛，由腿扣環的弧形弧度，可以了解
它是掛在小腿上的，有直接銅扣的，也有縫在布上
的，腿扣環兩側可以見到縫線的線洞，銅扣環用在脛
部，銀踝環縫在布上用在腳踝，腿扣環是成對存在
的，但幾乎看不到相同或相似的一對，代表其年代久
遠、分佈很廣，常用些吉祥詞句做為主題，有許多加
上了手工精巧的鏤空雕刻也有鑲玉的腿扣環，由少數
幾張照片可見到，在清早期及清代中期較盛行，清末
期僅有少數婦女佩帶腿扣環。

銀色鏤空雕花鳥半圓腿扣環／清代
6.5公分×4公分

鑲玉雕刻人物圖半圓腿環／清代
7.5公分×4公分

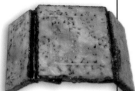

刻龍鳳花圓形腿扣環／清代
22公分×7公分

雕獸紋半圓腿扣環／清代
8.5公分×6公分

綴鈴鐺環形銀腿環／清末
11公分×6公分

綴鈴鐺環形銀腿環／清末
20公分×6公分

脛飾

不管是腳鍊、腳環、腳鐲，這些近代仍在使用的腳脛飾品，在清代都已
經有相當的流行，這代表著中國婦女領先世界的腳飾潮流，與現代脛飾
穿掛單腳不同，當年多數脛飾是雙腿同時穿掛的，有些附上垂掛的飾
件，走路時隨著顫巍的步伐，搖擺清脆有聲，有些腳環以緊密貼合的大
小，緊束於腳踝，對於腳踝產生拘束緊峭的感覺。

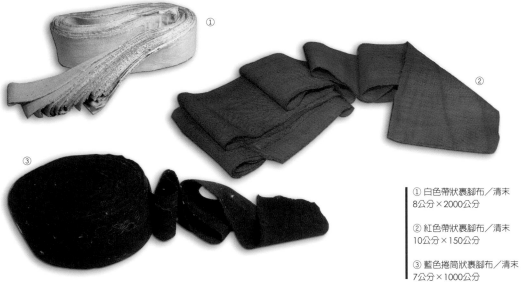

① 白色帶狀裹腳布／清末
8公分×2000公分

② 紅色帶狀裹腳布／清末
10公分×150公分

③ 藍色捲筒狀裹腳布／清末
7公分×1000公分

母女紡織裹腳布照片／私人收藏

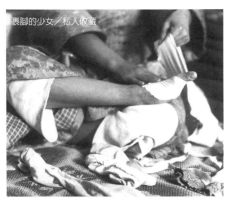

裹腳的少女／私人收藏

▲ 清代台灣漢族婦女唯一的紡織工業是製作裹腳布，其中「麻豆織」
更是遠近馳名。

裹腳布

裹腳布（又名裹腳帶、裹腳條、腳帶、裹腳、腳紗）通常為白色或米白
色粗棉棉布做成的，也有藍色或紅色的，藍色是初裹幼女或下階層婦女
所用，藍布據說可收斂潰爛傷口，同時藍布較不必頻洗，紅色的裹腳布
是某些地區新娘或婦女遊春時所用，也有用絲羅織成的裹足布，質細密
而薄，邊緣完整且堅澀是很好的材料，裹腳布的長有近三百公分長的，
也有一百五十多公分長的，其長度大約要能裹上五層到七層才算適中，
寬度則與腳的大小成比例，差不多要腳長的十分之六左右，一般寬度在
十公分上下。

鞋跟與鞋底

農業社會經濟生活多是自給自足，婦女製鞋原料甚至絲線或布往往也能就近得到，反而製作木底弓鞋的鞋跟，婦女很難自製，必須仰賴木匠供應，清代在中國各地就有販賣木頭底的小販，製作好各號數大小的弓底鞋，到處叫賣，因各地常用的木頭底式樣不同，形成各地的弓鞋製作的不同。

著挂跟高底鞋小腳模型

▶ 在山西臨汾襄汾地區有一種很有趣的挂跟，它是一個隨時可拆可著的鞋跟，婦女穿睡鞋欲出門時，在後跟套個挂跟，軟底鞋就變成了高跟鞋。

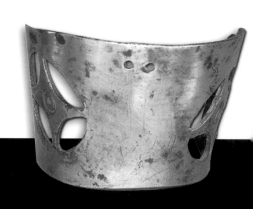

▲ 在台灣這樣的鞋底製作更進一步將木底的百納底鞋墊、後跟刺繡一併完成後，拿到市面販售，婦女普遍可以接受鞋跟是一種商業品後，有銅製的後護跟出現，以銅片罩在高木底的後面，閃閃發光，更顯出弓鞋的華貴。

鏤空雕花弓鞋鞋護跟／清末
11公分×3公分

▌原木弓形山西弓鞋鞋底／清末
▌4.5公分×12公分

▌米地繡花鳥台式弓鞋鞋底／清末
▌11公分×3公分

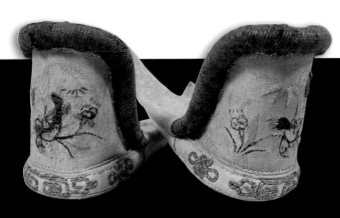

▌清末
▌11公分×4.5公分

繡譜

▼ 傳統漢族社會，「書」是讓男人看的，很少有女性專用的書籍，這本繡譜是可說是少數為婦女編製的專書。

花色布面繡譜／清末
25公分×23公分

繡譜之內頁繡花圖案

拔線器／清末
16公分×3公分

製鞋工具

製鞋模具／清代
17公分×5公分（下）　20公分×8公分（上）

▲ 製作弓鞋時最難拿捏的是鞋尖鞋頭的高度，即要做得合腳又要外型尖峭，鞋頭模子可以說是現代鞋楦頭的前身。

鑽子／清末
16公分×3公分（上）　9.5公分×2公分（下）

漿糊刀／清末
12公分×5公分

▼ 絲綢製佈滿刺繡的弓鞋不能水洗，弄縐了只能用弓鞋專用之熨斗燙平。

製鞋熨斗／清末
26公分×2公分

蓮形雕花製鞋捲線軸／清末
18公分×2公分

牛骨製鞋量尺／清末
7公分×2.5公分

鞋杯

弓鞋載杯行酒，深獲一般酒客喜好，行酒
時極易打潑濺濕弓鞋，於是有人用各種材
質仿弓鞋形狀製造酒杯，提供飲酒作樂時
鞋杯把握在手中的另一種趣味。

① 陶製雕花鞋杯／推測為明代
　 7公分×2公分

② 石製雕花鞋杯／明末清初
　 7.5公分×2.5公分

③ 紙胎彩繪鞋杯／明代
　 8公分×3公分

瓷製青花鞋杯／清代早期
12公分×4.5公分

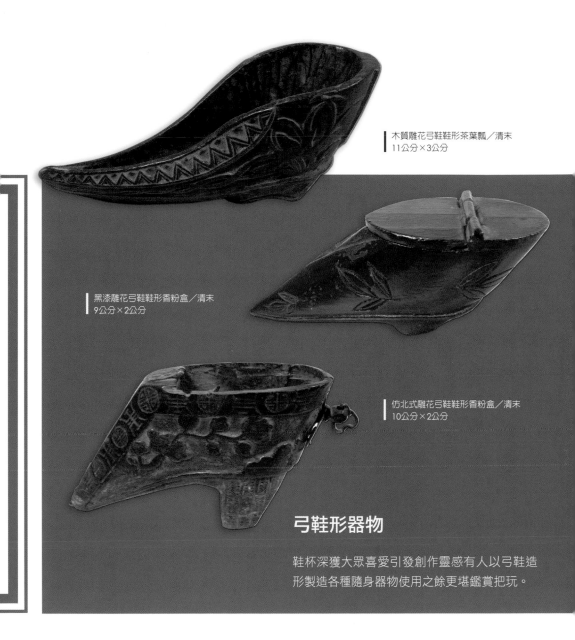

木質雕花弓鞋鞋形茶葉瓢／清末
11公分×3公分

黑漆雕花弓鞋鞋形香粉盒／清末
9公分×2公分

仿北式雕花弓鞋鞋形香粉盒／清末
10公分×2公分

弓鞋形器物

鞋杯深獲大眾喜愛引發創作靈感有人以弓鞋造
形製造各種隨身器物使用之餘更堪鑑賞把玩。

◀ 外覆旋轉時爐心一直朝上，使用時
將窗口扣上，腳爐取得適當暖度。

瓷製青花鞋杯／清代早期
12公分×4.5公分

▶ 纏足時代婦女，採用網狀織
袋收置弓鞋，並可燻香。

黑地麻織台式蓮褲／清末
39公分×25公分

▶ 纏足時代婦女，採用網狀
織袋收置弓鞋，並可燻香。

鏤空裹布盒／清末
47公分×24公分

纏足相關用品

千年纏足風俗深深影響整個社會的生活文
化，有許多器物特別根據纏足婦女須要而
設計製造，這是一些較特殊的纏足婦女日
常用品。

◀ 纏足椅有兩種，一種是坐著俾便行纏的椅子，另一種是把腳伸在上面便於整理裹布、修剪趾甲、行纏用的，前一種坐下來的椅子通常高度較一般低，方便把一隻腳放到另一腿的膝蓋上纏裹，椅子下面有抽屜可，以放襪子、裹布、礬粉、針線等纏足的用具，後一種纏足椅椅面較前一種略高，纏足時腳可以伸放在椅面上，椅面上並設有捲軸，便於整理解下來的裹腳布，有的在椅面上設有抽屜，供放置針剪、礬粉等物，也有一種沒有椅腳的纏足椅，只是一個平台，可放到床面上纏足，這一式也有人稱做「腳絞」。

| 木製纏足椅／清末
| 60公分×35公分

▶ 直徑三十公分的腳盆，是正常人一隻腳放下去的大小，但纏足婦女已足以在小小的腳盆裡洗腳。

| 木製洗腳盆／清末
| 85公分×30公分

▶ 幼女初纏足的兩三年間，往往因為腳疼寸步難行，終日只能坐在床上，連大小便都要人家抱送，於是有人將便桶，仿不倒翁的設計形式，做成肚大口小的便盆，重量在下方，便盆在床上搖晃時不會溢出，供纏足幼女於床上使用。

| 陶製便盆／清末
| 80公分×32公分

裹腳穿鞋過程

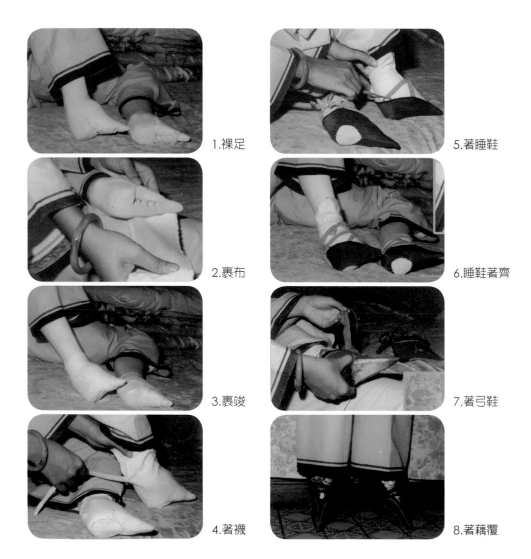

1.裸足

2.裹布

3.裹竣

4.著襪

5.著睡鞋

6.睡鞋著齊

7.著弓鞋

8.著藕覆

CHAPTER
10

金蓮與服飾紡織

纏足風俗延起於第十世紀，終止於二十世紀，在中國延亘千年，約有二十億婦女接受這種風俗服飾，是一種非常漫長的歷史。十九世紀以來中西交會，西風東漸，中國人不僅在政治結構、社會道德、生活文化、家庭組織產生革命性的變化，兩性關係、婦女生活婦女衣飾也隨之徹底改變，纏足文化被普遍的排斥、禁絕、拋棄，甚至卑視，成為中國人羞於啟齒的國恥、成為禁忌話題，潛藏在纏足文化背後的婦女歷史，衣飾文化也隨之隱沒。纏足是千年來漢民族婦女很重要的教育、道德、行為、美飾、生活規範，探討纏足文化，有助於了解婦女生活的原貌。

1. 纏足與中國紡織經濟

纏足風俗造成靈巧手工和遲緩腳步的婦女，婦女習於長坐一個地方操作。紡紗織布、縫紉、刺繡都需要精細耗時的人力。纏足促成了男耕女織的兩性分工更為落實，家庭成為紡織品加工生產工廠，大量女性勞力投入衣飾紡織的製作生產，普遍具有極高的手工水平，靠著紡織品生產成為豐裕的社會，中國由農牧社會進入農產品加工，婦女手工製造，加工生產，商業繁榮成為城市興起的基礎。宋代以後經濟重心南移，南方城市不斷興起，進入貿易

的新紀元，除了傳統的河西走廊通往西域的絲路，更開擴了通向中南半島中亞的西南絲路及海上絲路，靠著外銷精細加工的絲織品，長期出超貿易，是中國豐裕富庶的主要基礎。

2. 纏足有關各種配飾文化

纏足創造出中國式的精巧華麗文明，纏足女性著鞋是一套繁複細膩的過程，纏上裹腳布，套上金蓮小襪，先穿上睡鞋在裡

層，外面再套上弓鞋，有時冬天外出還加上一層鞋套。清代北方纏足婦女著窄褲，強調小腿裝飾，在小腿上除了藕覆，腿帶還有腿扣環、腳環、脛片等佩飾，弓鞋是纏足女性裝飾焦點，在弓鞋上飾上假尖、絲球、穗帶、小鈴行來搖擺清脆有聲，此外身上的佩飾也增強了纏足婦女身段飄柔流動的美妙，在雲肩裙擺增飾穗帶，披上窄巾，腰間掛上絲巾、手巾，拿著小扇，都能突顯身體纖柔飄逸。

另一方面因婦女弓鞋成為男性思慕焦點，以弓鞋造型製成的各種精巧隨身物，也成為男性搶手的恩物。

3. 纏足與流行風潮

所有古色古香的纏足服飾都曾經是當紅流行，盛極一時，纏足服飾是少數能擺脫政治干涉、男性影響是女性真正喜好的呈現。宋代早期纏足是一種舞肢，流行於宮宦世家的舞妓，宋代末期成為普遍的婦女足飾，不曾經過官方的推許，卻像野火燎原，隨著漢文化影響力的擴張，纏足服飾流行日廣，進入雲貴高原、河西走廊、漠南、青康藏高原、台灣海南島、東北各省。這其中又與世界的流行趨勢接合，包括十四世紀中亞歐洲尖細鞋頭鞋型，與十六世紀歐洲厚底鞋式都曾影響到弓鞋鞋型流行演化。各式高底鞋的設計創新，更為弓鞋帶來新的流行方向，有裡高底、厚底、桂狀高底、楔狀高底、拱橋狀高底、細高底、拆卸式高底等各種創意為世界鞋飾開啟一扇新境界。泉卅、大同、揚州、蘇州都曾領先風潮，帶動流行成為纏足歷史

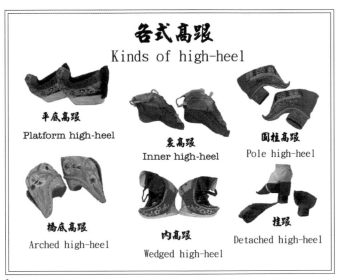

各式高跟
Kinds of high-heel

平底高跟
Platform high-heel

裏高跟
Inner high-heel

圓柱高跟
Pole high-heel

橋底高跟
Arched high-heel

內高跟
Wedged high-heel

挂跟
Detached high-heel

▎各式高底的金蓮

上代表性的城市。清朝末年津浦鐵路、膠濟鐵路通車,打破婦女封閉生活,鐵路沿線城市,引入西方製鞋與販鞋的產銷模式,在中國沿海各省出現了最後一波的弓鞋流行潮。

4. 纏足與中國婦女服飾演變

傳統的漢族服飾是衣袖寬鬆全身包飾的造型,纏足婦女纖細搖曳的步態,將漢族服飾飄逸瀟灑的風韻充分發揮,這樣的服飾,南宋以後隨著漢族南邊,在南方一直維持著漢族包飾覆腳的寬鬆褲裙,為凸顯飄逸的步態,或選取更柔細的素材,或製

成百褶裙、鳳尾裙等多折飄擺的服飾；北方寒冷衣飾厚重，較難展現服飾飄逸的更高境界，逐漸融入北方民族褲飾與腿飾，到了清代纏足婦女為展現小腿曲線與腳踝曲折靈動，北方婦女出現緊窄的下身服飾與各種腿飾。

5. 中國各地纏足鞋飾演變與地區特色

中國各地纏足弓鞋各具特色，幾乎每一個方言文化區就有一種具有地區特色的弓鞋作為代表。政治語言、人口遷移、交通與地理的阻隔，形成各不相同的弓鞋製作，宋代出現的翹頭弓鞋，一直到民國初年我們還可以在青海、西康、滇西、川西各地看到，古色古香，形同文化的活化石。宋代鞋底以兩色合成的「錯到底」也普遍出現在江南各地弓鞋。元代鳳頭低幫弓鞋，在延續漢族傳統的南方清末時仍普遍存在。纏足婦女活動範圍較小，各地材料供應不同，各城市歷史發展上的淵源，都造成清末時中國各地各具有不同特色的弓鞋。

6. 纏足文物與織繡工藝

封建社會婦女行事受到許多的限制壓抑，在織繡與弓鞋創作的小天地，意外留下了婦女自由揮灑創意的空間。宋代以來，這些藝術平民化、生活化、實用化表現出女性生活的奢華與品味由於地域區隔，各地方工藝與刺繡獨立發展，在各地不同的足飾與繡鞋上留下鮮明的地方特色。弓鞋製作可以獨立完成，也可以是組構各種半成品，如刺繡、鞋面、鞋底、木底等半成品的供應各式各地不同，可以比較各地商業繁榮程度。做好一雙滿意的弓鞋，不只是手藝挑戰、紡織工業的挑戰，和商業行銷供應體系的突破。清末用杭州料子、蘇州刺繡、北京做鞋是官宦世家最頂級奢侈的弓鞋製作。

傳統漢族的刺繡工藝，隨著漢族南遷，在長江流域諸省保留下含著表意的刺繡圖標。刺繡技巧也有從西洋傳入的，十六世紀在東亞沿海活躍的荷蘭人傳入幾何構圖的十字繡技巧，大量出現在中國沿海各省婦女藕覆的紋飾上。

7. 纏足與女性身體藝術表現

纏足文化深受理學影響，女性留在家庭，長守
深閨，穿的是全身包覆的衣飾，婦女除了少數
街頭賣藝的女藝人外，纏足世界沒有女性舞
蹈，沒有公開肢體動作藝街的呈現。女性在輕
柔蓮步中，展現平衡和諧曼妙的步態，小腳的
作用好像放大了。步行中身支款擺流動更為明
顯。纏裹後纖細的小腳，充滿神秘從不示人。
纏足是一種身體隱密，還是身體表現？衣飾是
讓婦女顯露誇飾或身體守禮隱蔽？是個很難回
答的問題。確定的是婦女由纏足提昇自我，纏
足是一種完美的追求？藝術的追求，追求什麼
樣的表現？什麼樣的表情？什麼要是「小腳的
表情」？是赤裸的小科？是曼妙動人的身姿？
還是含蓄沉斂的心神？

腰上掛上絲巾增強行動飄逸美感

8. 纏足與社會服飾心理學

纏足服飾歷時千年廣泛存於漢民族社會，為什
麼會出現這樣的服飾？是一個社會服飾心理學
上非常複雜難解的現象。纏足其實代表的是婦
女的教化學養，更進一步讓婦女表現出順從、
節制、收斂的心性與安逸，嫻雅的心境。纏足
是貴賤、貧富、夷夏間的分際，是一種社會認

同，也是性別的認同。纏足成為第二性徵，明顯的外在性徵讓男女兩性的外表分別更為明顯。女性群眾，學習女紅刺繡、剪裁、做鞋、洗衣是女性集體生活的回憶。纏足成為女性間更契合的共同經驗與感覺，讓女性與女性更為接近。

纏足源於家族社會鼎盛時期，家族中成員的增加與減少成為最重要的紀念在那樣的環境下，喜鞋、喪鞋、壽鞋的出現，以女性手藝來確立家族的記事，更可看出纏足文化所處的社會環境。

結語

深入纏足世界，我們知道它和世界各地服飾一樣，有流行風潮，歷經層層演變，日新月異，各地還擁有具地方特色的鞋飾，隱藏了極為豐富的服飾文化。這些服飾文化，植基於中國傳統文化、哲學、倫理、生活、材料、工藝曾經創造高跟鞋流行，曾經以鞋飾腿飾領先服飾的流行，曾經擁有最多豪的個人化藝術化鞋飾。三百年前，漢族婦女面對滿清異族入侵，選擇豎持傳統纏足的風俗，保留民族服飾文化，三百年後的今天，面對西風東漸，我們幾乎忘了有這種傳統服飾，否認有這種文化，離開了傳統文化，我們還擁有什麼？

CHAPTER
11

纏足文化的影響

1. 第二性徵

纏足是當年婦女性別角色認同的教育，纏足後身體妝飾成為女性的特權，尤其是腳部鞋子的妝飾，成為女性特別誇張的表徵，連帶的使走路身軀扭動、突顯臀圍，也成為女性的特色。男女從幼小便施以性別差異的教育，藉由後天性特徵，強化男女性別的不同，例如增加第二性徵，在穿著、打扮、行為、舉止、聲響、愛慾上界定區別，並藉由不穩定、拘泥的鞋子，穿行出與男人完全不同的走路風格。這種差異，變成非常重要的性別差異特徵，也就是利用行走纏足弓鞋，以界分出男女的不同，纏足加強了、亦加深了男女兩性的區別，形成男女標誌。

2. 婦女間互動關係

身為女人，一旦纏足，便完全改變了生活方式。因為纏足，女性從此大門不出、二門不邁，群聚學習女紅、洗衣、刺繡，

勤於妝飾，僅守本份、待字閨中、不外出
爭強、顧家持家、不易紅杏出牆，悠雅閒
適，離開外在世界進入身體感覺世界與近
距離世界，纏足文化拉近了女性之間的
距離，重新界定了女性的關係。婦女在
狹窄的空間世界中，追尋個人的內心平靜
世界，母親負擔教育幼女的責任，纏足使
母女之間有最長時間的共同生活經驗，婆
婆負責教育媳婦，母為女纏足、主為婢纏
足，都是在女性教導女性、女性管理女
性、女性督促女性的角度下進行。女性群
聚生活的社會，男女授受不親，男女兩性
很顯然的產生不同的生活場域。

纏足文化代表固定的農業生活：男耕女
織，男女分工。女性手工業鼎盛，是基於
男女分隔、女性互相關懷、婦兒生活在一
起的環境。在這樣的背景下，纏足又減少
了婦女遠距離的交流活動，遂使婦女更
集中於深宮內苑、富室巨宅，各生態區域
（流行區域）的分割也因而愈來愈小。

3. 家庭

千年來中國政治政權不斷更迭，但家族制
並沒有改變，中國人的婚姻比較像是兩個

① 天津纏足照片／清末／私人收藏
② 山西運城富貴家族女眷照片／清末／私人收藏
③ 民國初年中國北方婦女照片／私人收藏

③

家庭的聯繫結合，而不是兩個當事人的愛情結合；中國人似乎將婚姻跳脫了兩人的愛情問題，而進入一個更穩固的家庭形式中，也就是婚姻以家庭、家族的結合為主。

唐代婦女可以改嫁，這種形式的婚姻與現代可能是比較相近的，宋以後對婦女的限制完全不同，女性終身僅守的是：餓死事小，失節事大，男性雖然必要時可以休妻，但不能離婚；休妻也是社會大事，此外對寡婦的貞節限制，翁婆有絕對權威，媳婦與娘家不能有太密切的關係，這些對婦女的種種限制，明顯發源於對宗族、對家族的要求。也就是說，唐代、宋代以後的婚姻方式有顯著的不同，纏足當然有助於這種家族式的婚姻，漢民族向來追尋的，就不是西方人以生命為最高價值的生活，而是訴求更高的追尋目標，如家族家庭倫理、道統、和諧、三綱、五常等。

守節和守寡，這些概念強調的，都是團體和家族的榮譽比個人的生命更重要。纏足的社會背景是個人身體並不太受到重視的環境，這種犧牲個人換取家庭與家族和諧的社會，較諸今天視個人生命價值為至高的社會，可以說，現在是個人主義的時代，纏足的年代則是家族主義的時代。

◀ ② 纏足是一個男女分隔的社會，纏足讓家中女性同處在更緊密的空間，彼此間的互動，不管是母女、婆媳、姊妹、姑嫂、主僕之間，關係都十分密切，婦女像是從小生活在女人世界一般。

▲ ③ 解放纏足的年代，前後相差幾年，纏與不纏各有考量，姊姊與妹妹終身的際遇與命運，有了很大的分野。

│ 山西官宦世家．家族照片／清末／私人收藏

▲ 中國氏族社會時代，幾乎就是纏足的時代，大家庭中，長時間處在家中的婦女間如何相處，是一個很細膩的人際關係問題，在維繫家族的力量裡，纏足扮演多重的角色。

4. 產業手工

商業的發展是演變成男主外、女主內的原因，由於過去男性在社會上的活動能力比女性更廣，男性主導了許多商業貿易的交際面，落實了男女分治的情況（尤其在邊境的商業城鎮），同時也促成纏足的盛行與商業繁榮。街頭是男人消費的環境，女性的消費在家中，如〈清明上河圖〉所顯現的──大街上是男人的世界，深宅大院高牆內成為女人的世界。婦女的手工製造，形成農產品家庭加工業，成為城市興起的基礎，也定下了男主外女主內的社會基本分工模式，擺脫了純粹農業社會，進入農產品加工貿易的時代，像是製作醬菜、香腸等等的食品再加工，農產加工、家庭手工業加工，女性不須靠勞力粗重工作，進入一個一級生產有餘、因二級生產而使生活更優裕繁榮的時代；另一方面，為了滿足纏足婦女的生活需求，社會上也出現各行各業透過不同的製作與供銷方式，製作各種精巧的小巧玩藝，登門入戶

的推銷、沿街叫賣；送貨的貨郎甚至可以進到府內銷售，這種沿門推銷的賣貨郎與纏足文化有一定的關聯。

纏足是一種民族融合性很強的風俗，不同的民族，有不同的社交溝通方式，例如原住民的唱歌應和、婦女群聚河邊洗衣的聊談、婦女共聚紡紗織布的工作交流等，纏足婦女在纏足生活中一定有更多的身體體會與經驗交換，成為更深層的身體感覺交換，她們注意些什麼？創造出什麼樣的文化？細膩的衣著飲食文化，互相饋贈、欣賞、愛慕的生活文化，互相噓寒問暖、互相照顧的文化，導致像《金瓶梅》、《紅樓夢》那樣細膩的婦女生活故事。這些細膩的飲食文明、花藝、織繡、麻將，都是在這樣的環境中產生出來的。

5. 建築

源於春秋時代的儒學，到了宋代進一步衍生出宗族規約。宋代以後，家族力量的興起，是極為重要的社會基本組成結構，纏足也是在這樣的社會背景下產生的。

宋代起，房間有了實質的間隔，取代了以前的屏風。女性纏足之後絕少出門，且多居於室內，而宋代以後的房子開始出現室內佈置、房間分隔、內外分開、婦女有閨閣、男女分居、分格式的設計，房子有了具體的房間區隔，增加了女性的隱密性，這有助於女性需要避開眾人／男人進行纏足的私密行為。同時，石階馬路直通屋內，地面砌上石板，人們進屋時不再脫鞋，解除了纏足女性的困擾，人們也不再席地而坐，而開始使用椅子和高的桌子；為了纏足婦女行路方便，在建築中

可見摸乳巷、欄杆、窄廊、窄小的樓梯此類設計，包圍式的花園、假山假水、林園式山水，讓婦女在家中也能欣賞山水。凡此室內隔間、進門穿鞋等空間設計，都是重重「包圍」的意象，甚至可以說，整個國家、城市、莊園，都圍繞在長城、城牆中，保護婦女，成為中國人最基本的建築設計概念。

6. 社會改變

中國近千年來是「家族體制」而非「個人體制」，在這個體制下，發展出許多有利於家族繁衍的法則，纏足為其中之一，雖不利於個人，但有利於族群生存。

纏足代表了什麼樣的社會？一個男女分工、家族分工、自給自足，富庶安定的定居式農業社會。在男耕女織的結構下，女性處於二級生產、家庭式手工生產的位置，纏足風俗廣泛出現在旱田的耕作區，而非水田的耕作區；出現在城市大量興起的集市；出現在家有存糧、生活優裕、以手工生產主導經貿的商業發達地區。

纏足之後，改變了婦女的儀態、姿態、個人命運，甚至家族中的群體關係，以及整個族群、整個社會的生活方式都因此改變了。現代人的最高追求目標可能是生命、財富、身體、經濟、政治目標；在金蓮文化中，追求的是美麗、道德崇高、良好的家世。小腳成為一種身份的象徵與社教禮儀，纏足所附生的多妾制度，及其將美女或小足美女逐漸推入豪門的手段，長久下來，也造成官宦世家的兒孫逐漸繁衍，貧苦簡單家庭愈趨末落凋零的現象。

在中國傳統社會中，我們看到的是一個男系社會，藉由纏足把婦女穩定的留在家中，子女也因而留在家中，在保護中成長。這自然導致家族繁衍，女性的角色也獲得家族、家庭、社會的充分保障，讓在外奔波的男性有一個穩定的家，可以落葉歸根、尋根、返鄉、安身立命。女性長者成為家族中不動的因子，成為籍貫的來源與意義，千年來，纏足在這之中扮演著鞏固家族地位於不散，使家族永存的角色。

纏足風俗喚起中國式的文藝復興，激發對於婦女姿態、精巧手工等美學追求，促成中國人對近距離感覺的欣賞與重視，婦女對身體的了解，母親對女兒的教育。纏足的過程是一種肢體感覺的訓練與教育，這是一個複雜多層次的行為，需要充分學習，纏足是一種學習，學習用生命、身體來換取美麗與崇高的道德；這種追求的順

序與邏輯，也許不是我們現代人所能了解的，只有少數纏足者認為，這雙腳纏小後是為了供給某個男人欣賞、愛憐的，絕大多數的少女纏足時是為了提升自己、增加自己的涵養，這與西方式的為愛奉獻、為愛犧牲的哲學是不同的，纏足犧牲奉獻的對象不是愛人，反而是一種倫理體制，一種社會規範與類似教育的自我提升。

如果說纏足是在男尊女卑，以婦女為奴役的社會形態下發生的，不如說是在一個有廣泛奴僕系統供驅使的社會環境下所產生的。婦女希望身體適當改變後，能徹底改變個人未來的命運，纏足在這樣的前提下，被賦予極重要的任務。在悠久的歷史裡，纏足是對人類生活影響最大、也最普遍的身體改造，纏足之後，所有的一切都改變了！

CHAPTER
12

纏足的解放

一個較早解放纏足或不纏足的地區，帶領著纏足地區的社會解放工作，成為社會思想的主流，這是在清末民初中國的社會現象，元代的統治、清代的統治，並未改變漢民族婦女的文化，清末西潮下的解放婦女運動，反而讓婦女文化完全改變，解放婦女運動、反纏足運動，可以說是數千年來中國婦女或說是東方婦女最劇烈的一次革命運動，反觀男性社會，就曾經歷過多次的革命，這可以從一千年前女性的鞋式，保留至清末仍在使用，可見其社會變動的緩慢。基本上這是兩性關係改變、婦女地位改變、家庭與個人生活改變的一次重要革命，這個革命與軍事佔領軍事攻擊不同，沒有外侮、沒有敵人、只是不同的社會組成人群來掌管國政，這樣的革命方式在近代史上不斷的發生。

清末的解放纏足運動，可以說是五千年來女性影響最大的一次革命，將過去的生活方式一次加以變革，太平天國的戰亂影

▶ 這是一個偉大的發明，為了幫助婦女解放纏足，找來小學男生，胸前掛上不娶纏足婦女胸章，小男生可知道改變東方婦女風俗的責任！只知道小心收藏這一個胸章，藏了八十年。

| 不娶纏足婦女胸章／民國八年
| 私人收藏

◢ 纏足有些人抱持的原因是利於婚嫁，於是當政者在官定的結婚證書上做文章，看這份結婚証書上貼滿了印花稅票，結婚時抽足了稅，還要在婚曰上大書「厲行天足」。

| 山西壽陽縣結婚證書／民國初年
| 私人收藏

響南方纏足，對於南京城纏足風俗消滅頗具影響，明顯減少江南纏足風氣，華中地區纏足式微應該也是太平天國的關係，太平天國事件將廣東、廣西的婦女風俗帶向華中地區，這可以說是一次婦女革命，後來纏足迅速減少與八國聯軍之亂（義和團之亂）也有很大的關係，北伐戰爭似乎也可以視為第二次婦女革命，革命將婦女的風俗由華南、華中帶向華北地區。千年來不纏足的族群多次在中原解放了纏足的族群，但最後都被纏足的文化所吞噬；直到清末中國人面臨千年來最混亂的變局，這些戰亂對纏足婦女而言，才是主要的改變因素。

清末解放纏足重鎮是廣州、上海、湖南，由南向北的天足解放運動，上海和天津在面對同樣外洋的影響下，清末有一段時間產生完全不同的反應，上海朝向婦女解放，解放纏足的路走，天津則走向纏足的流行風華方向，同樣的面對外來改變，山東青島東北與天津較為雷同，廣東、台灣、廈門可能與上海較為相似。

整個的纏足文化中只有解放纏足運動，是可以在文字中看到的進入文字的歷史記載，解放纏足前後用了多種的理論如強國強種、肢體毀傷、野蠻不文明等，解放纏足則用了許多婚姻上的理由，如採用婚姻的制約，不娶纏足婦女，解纏結婚證書，

◀ 省政府任令學生於假期歸鄉時擔任宣導員，宣揚解放纏足的好處。

山西解放纏足宣導員委任令／民國七年
私人收藏

◀ 派稽查員至各村落查腳，遇有拒不放足的婦女，予以開單罰金懲戒或罰勞，稽查員至各村落須會同村長蓋章書寫查驗報告，山西省崞縣位於大同太原之間鐵路沿線上，依修正嚴禁纏足條例第三條，本條例施行三個月後，如有年在十五歲以下纏足未放，或年在十五歲以上仍飾木底，經人告發或察覺屬實者，課其家長或本人二十元以下二元以上之罰金。

山西崞縣纏足罰金收據／民國二十二年
私人收藏

▼ 解放纏足在台灣很多地區，是由殖民政府與鄉紳手持軍刀的威儀下完成的風俗文化改革。

台灣日據時期台中太平區解放纏足會照片／民國四年／私人收藏

代表纏足與婚姻的強烈關係，除此之外，採用法律與行政罰鍰的制約，用罰款來處罰纏足，新政六法，媒體宣傳、報章雜誌、形成輿論、辦徵文比賽、海報、用鄉紳出面、辦不纏足會，在教育體系上，學校宣傳，女子作文章教導宣傳，天足會、政府查腳稽查員，下詔，大總統令，除了纏足還有哪些風俗受到如此的政策性阻礙？

本來纏足解放是中國婦女特有的運動，最後都與全世界女性運動接軌，成為婦女解放運動，對西方人來說解放纏足有甚麼陷阱？難道只為了中國人好嗎？事實上西方人改變了中國人的文化，以統治者心態用

真正的宗教改變纏足的女教，輸入紡織品改變妝飾、服裝，在西洋優勢的文化影響下，解放纏足打破了中國男耕女織、男女隔處的生活方式，工業社會緊張的生活取代悠閒的生活，西學教育取代了傳統的身教肢體教育，婦女參與社交生活，自由戀愛的思想，男女平權，西洋提供了新的衣飾造形，穿著方式及審美觀，工業革命取代了女工衣飾編織的地位，工業大量製造，無法維持個人特色的妝飾，但衣飾的取得容易，打破了千年來漢民族男女分工男耕女織的工作分配的方式。

CHAPTER
結語

金蓮文化省思

「美」雖然是天生但仍然可以訓練出來或製造出來的、是可忍耐塑造的，所謂的「美」其實是所謂合乎社會規範、社會道德、社會標準，讓身體合乎公認的審美的標準，乃是用身體去接受雕塑形成的，讓行為舉止合乎當代社會要求的規範與動作，但往往體型、行為舉止、行事準則，很難天生自然的就合乎這些標準，於是需要加以改進。三寸金蓮的社會顯然是當年社會所定下一個極為嚴苛的「美」的標準，讓所有婦女都得經過身體的改造，才能達到一個美的標準，必須經過挑戰身體忍受的限度才能達成，不僅在三寸金蓮的世界如此，相信今日的社會也還是如此，所謂「自然美」，那恐怕是少數中的少數，大都是在身體經過改造之後逐漸符合所謂「美」的標準。

女性很在意在身體上尋求自己的感受與別人的看法，為了得到更美的目標，她們可以做更多的堅持，可以犧牲很多生活上的方便，甚至使用外力來改變自己的身體，追求美為什麼可

① 清末河北纏足婦女照片
　私人收藏

② 清末上海纏足婦女照片
　私人收藏

以忍受許多身體上的改變與痛苦？這一種忍受的功夫好像不是只有追求美的特色，凡練功夫的人、科舉讀書人、為生活掙扎的人、江湖賣藝的人，都一樣經歷過這些身體改變的煎熬和痛苦，似乎忍受越多的人，成就也就越大，所以人們甘願為美而超越種種痛苦，只是時至今日，這種種作法，反不被社會所接受，如果我們換一個角度來看，將改變身體、跨越身體疼痛極限的挑戰也視為古代一種常規教育，這似乎有助於讓婦女很容易的接受突破身體極限去追求符合當時的美，突破身體極限去追求貞潔道德規範，突破身體極限去追求姿態身形美，所以纏足採取一種強烈、沈重的美的強迫教育，包括身體美、姿態美與貞潔道德美，讓婦女從小就接受這樣的教育，讓婦女認為為了追求美好的道德生活，接受身體肢體的痛苦是應該的，在這種禮教之下，守節、守身如玉、守本分、克己復禮、捨身取義、殉節等種種道德教育，就很容易深入，反而有助於婦女堅毅精神的培育。

如果說纏足是古代女性生活的憲章，幾乎所有的生活規範都由這一個風俗衍生出來，建立了這一個憲章之後，社會上犯罪率有效的降低，這就好像中國男性有了儒家思想規範（理學規範）所以不須用宗教來淨化人心，同樣亦可以達到安定的目標。

過去幼女從小纏足，在這種情況下，可以說是極早的被深刻的灌輸身心的教育，這樣的教育也是女性一輩子最重大的教育學習與身體思想改變。當年輕的女子踩著細瘦的小腳驚鴻一現的出現在人們面前時，高危、纖細、自信的步伐，會立即引起眾人側目、欣羨，這也是為什麼當年解放纏足時，纏足會受人嚴厲撻伐的原因之一，纏足婦女行走時的步姿與心情，就好像今日穿著摩登、細跟、尖頭高跟鞋的現代婦女走在路上的心情一樣，充滿了自信與驕傲，在人們的指指點點中，增強她的榮耀與滿足，纏足；可說是一雙女性永遠脫不下的高跟鞋。

金蓮小腳：千年纏足與中國性文化 / 柯基生著
-- 一版. --　臺北市：獨立作家, 2013.09
　　面；　公分. --（DO身體；PF0127）
　BOD版
　ISBN　978-986-89853-1-5（精裝）

　1.纏足

538.15　　　　　　　　　　　　　102016053

國家圖書館出版品預行編目

讀 者 回 函 卡

感謝您購買本書，為提升服務品質，請填妥以下資料，將讀者回函卡直接寄回或傳真本公司，收到您的寶貴意見後，我們會收藏記錄及檢討，謝謝！
如您需要了解本公司最新出版書目、購書優惠或企劃活動，歡迎您上網查詢或下載相關資料：http:// www.showwe.com.tw

您購買的書名：_____

出生日期：_____年_____月_____日

學歷：□高中 (含) 以下　　□大專　　□研究所 (含) 以上

職業：□製造業　□金融業　□資訊業　□軍警　□傳播業　□自由業
　　　□服務業　□公務員　□教職　　□學生　□家管　□其它_____

購書地點：□網路書店　□實體書店　□書展　□郵購　□贈閱　□其他

您從何得知本書的消息？

　□網路書店　□實體書店　□網路搜尋　□電子報　□書訊　□雜誌
　□傳播媒體　□親友推薦　□網站推薦　□部落格　□其他_____

您對本書的評價：（請填代號　1.非常滿意　2.滿意　3.尚可　4.再改進）

　封面設計____　版面編排____　內容____　文／譯筆____　價格____

讀完書後您覺得：

　□很有收穫　□有收穫　□收穫不多　□沒收穫

對我們的建議：_____

_____

_____

_____